Zungenknoten

À Marie-Louise

„Verschollene Worte
Wiedergefunden
Verkünden den Morgen des kommenden Tages ...“

Loyze Wieser

Impressum

Wellhöfer Verlag
Ulrich Wellhöfer
Weinbergstraße 26
68259 Mannheim
Tel. 0621/7188167

info@wellhoefer-verlag.de
www.wellhoefer-verlag.de

Titelgestaltung und Satz: Uwe Schnieders, Fa. Pixelhall, Malsch
Titelkarikatur Martin Graff: © Uwe Herrmann

ISBN 978-3-95428-273-9

Vorwort – Préface

Wer mit Großeltern aus der Pfalz aufgewachsen ist, hat eindeutig einen Fremd-sprachenvorteil. „Schass mer die Gickel ausem Schardeng" (hochdeutsch: Jage mir die Hühner aus dem Garten), sagte die Oma – und wurde verstanden. Da-mals, als Hochdeutsch manchmal die erste Fremdsprache war, mit der sich Schulanfänger konfrontiert sahen. Es kamen die Jahre, in denen Dialekt ver-pönt war, in den 60ern des 20. Jahrhunderts. Also zu jener Zeit, als der deutsche Kanzler Konrad Adenauer und der französische Präsident Charles de Gaulle 1963 mit dem Elysée-Vertrag feierlich und für alle Ewigkeit die deutsch-fran-zösische Freundschaft besiegelten.

Der 22. Januar 1963 ist in die Geschichtsbücher eingegangen und wird seither zu seinen diversen Jubiläen mit viel Pathos beschworen. Am 22. Januar 2019 haben Angela Merkel und Emmanuel Macron, Kanzlerin und Präsident, den Vertrag von Aachen unterzeichnet, der eine weitere Vertiefung der deutsch-französische Zusammenarbeit in die Wege leiten soll – bis ein kleines Virus mit Namen Corona Sand ins Getriebe des viel gerühmten deutsch-französischen Motors streute. Im Frühjahr 2020 passierte, was keiner für möglich gehalten hatte: Die Grenzen waren mit einem Mal wieder da. Es hat eine Weile gedauert, bis man sich auf beiden Seiten der neuen Schranken darüber im Klaren wurde, was da auf dem Spiel stand. Pessimisten sahen das Ende der Völkerfreundschaft gekommen. Optimisten hoffen bis heute, dass die manchmal unerfreulichen „Grenzfälle", die alte Ressentiments wieder an die Oberfläche schwemmten, nur eine Episode bleiben mögen.

Etwas, das man vergisst. So wie den 28. Oktober 1964: Keine zwei Jahre nach dem feierlichen Bekunden zukünftiger Zweisamkeit (bei der auch die Geburts-stunde des Deutsch-Französischen Jugendwerks schlug) unterzeichneten die deutschen Kultusminister das Hamburger Abkommen, das entweder Latein oder Englisch als erste Fremdsprache im ganzen Bundesgebiet festlegte. Sechs Jahre dauerte es, bis 1970 in Rheinland-Pfalz Französisch als erste Fremdsprache wieder möglich wurde. Auch im Saarland und in Baden-Württemberg hat man das Sprachkorsett in dieser Zeit gelockert. In den Jahren dazwischen aber hat die französische Sprache einiges an Terrain (Achtung: Französisch) verloren: Sechs Jahrgänge, die sie im Höchstfall als zweite Fremdsprache erlernten und gerne wieder vergaßen. Warum eigentlich? Was im Fremdsprachenunterricht ganz allgemein sicher fehlte, war die Unbeschwertheit, die Lust am Jonglieren mit den Worten, das spielerische Hin und Her. In der mehrsprachigen Schweiz schien das – trotz Röschtigraben – doch eher möglich zu sein. Jedenfalls er-schien in der „Basler Zeitung" ab 1991 eine zweisprachige Kolumne, in denen der Elsässer Martin Graff zum „Sprachtanz" aufforderte. Als wir rheinabwärts, bei der „Rheinpfalz" in Ludwigshafen, erwogen, es den Schweizern gleichzutun, gab es durchaus Bedenken: Würden unsere Leserinnen und Leser uns folgen? 2003 – richtig: mal wieder ein „Elysée-Vertrags-Jubiläum – erschien dann die erste Kolumne von Martin Graff mit dem Titel „Zungenknoten". Seither ist sie mit ihren Kommentaren zu deutsch-französischen Befindlichkeiten aller Art ein Markenzeichen der Seite, die „Über die Grenzen" blickt.

Dank an den Autor Martin Graff, an Michael Garthe, den Chefredakteur der „Rheinpfalz", der dem Französischen Einlass in seine deutsche Tageszeitung gewährte, und an Ulrich Wellhöfer, den Verleger, der daran glaubt, dass sich viele Menschen für die deutsch-französische Sprachakrobatik von Martin Graff begeistern werden.

Dagmar Gilcher

XIII. In Memoriam 117

XIV. Theologie – Les paroles de Dieu. 125

XV. Literatur – La danse des mots. 133

Inhalt

I. Ein merkwürdiges Jahr – Une année improbable.

1. Krieg und Frieden. Guerre et Paix. Die Wahl der Wörter.

Am 16. März 2020 haben 35 Millionen Franzosen im Fernsehen die Botschaft des Präsidenten gehört: „Nous sommes en guerre." Wir sind im Krieg. Dieses Mantra wiederholte er sechs Mal. Seitdem gehört die kriegerische Sprache zum Alltag der Regierenden. Auch viele Journalisten übernehmen sie: „Ils montent au front", heißt es, wenn Freiwillige sich melden, um ihre Hilfe anzubieten. „Sie fahren an die Front", statt zu sagen: „Ils ont proposé leur aide aux hôpitaux: médecins à la retraite, Mitglieder de la réserve sanitaire."

Man spricht von „efforts de guerre", Beatmungsgeräte werden zu Waffen umdeklariert. „Une bataille sans armes est une bataille perdue", répète le Président und verspricht seit Wochen Schutzmasken, die nie ankommen.

Der Landwirtschaftsminister Guillaume spricht von „guerre alimentaire", Ernährungskrieg. Aus Traktoren werden Panzer.

Als das Militär in Mulhouse ein Feldlazarett für 30 Betten einrichtete, stellte sich Macron davor, lobte die Soldaten und sprach von Krieg. „Georges Clémenceau et Raymond Poincaré (ehemalige Regierungschefs im Ersten Weltkrieg) sont également montés au front", kommentieren Experten pour justifier la mise en scène guerrière.

Als TGVs Patienten aus dem Elsass in das ferne Bordeaux brachten, meinte ein General: „La SNCF (französische Eisenbahngesellschaft) a une grande expérience sanitaire en temps de guerre depuis la Première Guerre mondiale.» Warum nicht schon seit Asterix und Obélix?

Ce langage militaire ist nicht angebracht. Krieg ist, wenn Bomben auf mein Haus fallen, wenn Stukas wie 1940 die Pariser Einwohner auf der Flucht vor der Wehrmacht wie Hasen abknallen. Krieg ist, wenn zehntausende von Menschen in Dresden verbrennen. Krieg ist, wenn in KZs Menschen vergast werden. Krieg ist, wenn Spitäler in Syrien bombardiert werden und Kinder sterben.

Albert Camus, Autor des Romans *La Peste*, hat geschrieben: „Mal nommer les choses, c'est ajouter aux malheurs du monde." Frei übersetzt: Wenn man die Wirklichkeit falsch benennt, verschlimmert man das Leid der Welt nur noch.

Macron ist gebildet. Il devrait renouveler son vocabulaire. Wir stecken in einer Krise, Pandemie genannt, nicht im Krieg.

4. April 2020

2. Auf der Suche der perfekten Maske. A la recherche du masque parfait.

Le masque oder die Maske, französisch oder deutsch, man versteht das Wort ohne zweisprachig zu sein.

Hüben und drüben findet gerade ein wahrer Maskenball statt. Obwohl wir Franzosen überzeugt sind, dass die Deutschen alles besser machen, il existe aussi un problème d'approvisionnement in Deutschland, wie es in der Presse zu lesen ist.

In Frankreich steigert sich die Maskenproblematik langsam aber sicher zur Posse. Zunächst erklärten uns Politiker und Ärzte que le masque est inutile pour le grand public. Regierungspressesprecherin Siebeth Ndiaye machte sich sogar darüber lustig: „Je n'ai pas de masque, je ne sais pas m'en servir."

Diese Zeit ist vorbei. Hausgemachte Masken werden als masques „alternatifs" bezeichnet und gefördert. Überall im Land entpuppen sich die Französinnen als geschickte Näherinnen, couturières.

Am vergangenen Montag bescherten uns le premier ministre et le ministre de la santé mit einer zweieinhalbstündigen Pressekonferenz. Comme toujours bedankten sie sich überschwänglich beim Personal im Krankenhaus: „nos héros", denen wir täglich um 20 Uhr applaudieren. Zum wiederholten Mal wurden Masken versprochen, freilich zunächst für die Bürger an der Front, vom Arzt bis zur Krankenpflegerin, für die Putzfrau oder den Polizisten, der die Kontaktbeschränkungen kontrolliert. Es wurden schon 700.000 Strafzettel à 135 Euro kassiert.

Mais le ministre avait oublié les dentistes. Zahnärzte sind bekanntlich auch an der vordersten Front, wenn sie in unserem Mund herumbohren und unserer Spucke ausgesetzt sind.

Die Praxen sind geschlossen. Die Zahnärzte wurden aufgefordert, ihre Masken den Spitälern zu übergeben. Jetzt dürfen sie ab 11. Mai wieder öffnen, mais ils n'ont plus de masques. Le ministre reagierte sofort und versicherte ihnen qu'ils vont recevoir quelques masques, ohne sich für die Panne zu entschuldigen.

Die Maske ist der geheime Stoff der Drehbuchautoren. Je suis convaincu que de nombreux écrivains schon an der Arbeit sind, um Maskenstories zu entwerfen.

Heute Nacht träumte ich von einem Stück.

Rechts von der Bühne ein nackter Mann, nur mit Atemschutzmaske. Links von der Bühne eine Frau in Burka: die perfekte Maske.

Die nächste Theatersaison wird spannend.

25. April 2020

3. Die Zeit ist gekommen. Corona en alsacien.

Marie-Antoinette, 1923 in Colmar geboren, lebt in einem Altersheim in Westfrankreich, département des Deux-Sèvres. 1941 wurde die Elsässerin als 18-jährige Näherin vom Reichsarbeitsdienst nach Kork in Baden zwangsrekrutiert, nachdem das Elsass 1940 vom „Dritten Reich" annektiert worden war.

Jean, 1915 geboren, Bäcker von Beruf, wurde als Gefangener nach Kork versetzt, wo er auch als Bäcker arbeitete. Ils tombèrent amoureux, was verboten war. Das Liebespaar wurde denunziert. Ils ont été séparés. Beide wurden nach Karlsruhe versetzt, ohne zu wissen, dass sie in derselben Stadt lebten.

Ein Freund von Bäcker Jean erkannte Marie-Antoinette in der Tram. Jean hatte ihm ein Bild von Marie-Antoinette gezeigt, so trafen sie sich erneut in Karlsruhe, avant que la jeune alsacienne ne retourne à Colmar vor Kriegsende. A la fin de la guerre stand Jean wie versprochen vor der Haustür im Elsass.

Beide heirateten nach dem Krieg und lebten forthin außerhalb des Elsass in der Heimat von Jean: Mauzé-sur-le-Mignon, bei La Rochelle. Deux enfants sont nés de l'union: Josette et Sylvette. Sie wuchsen mit der französischen Sprache auf, mais Josette passa les grandes vacances, die Sommerferien, chez les grand-parents à Colmar. So lernte sie Elsässisch, da die Großeltern nicht Französisch sprachen.

Nach dem Krieg les parents de Josette avaient gardé le contact mit der Bäckerfamilie in Karlsruhe. Sogar die Enkelkinder besuchten sich gegenseitig.

Der Covid-19 erlaubte wochenlang keine Besuche, auch nicht von Josette bei ihrer Mutter Marie-Antoinette im Altersheim. Finalement la maison de retraite organisa un contact via Skype. Josette konnte vor ein paar Tagen endlich wieder mit der Mutter, die schon Zeichen von Demenz zeigt, kommunizieren.

Soudain la maman se mit à parler alsacien, zur Überraschung der Tochter, mit der sie nie Elsässisch gesprochen hatte. „Am Sundig het mi ebber bsuacht ..."

Das Phänomen ist bekannt. Menschen, die ihre Muttersprache vergessen oder verloren haben, entdecken sie wieder im hohen Alter, à la grande surprise des proches.

Vielleicht hatte Marie-Antoinette das Zwitschern der Meisen im Frühling gehört: „Zitt esch do, Zitt esch do!" Die Zeit ist gekommen.

9. Mai 2020

4. Virologen-Pandemie. La surprise des virologues.

Plötzlich waren sie da. Sie flattern quotidiennement via Bildschirm in unsere Stuben wie ein Schwarm unbekannter Vögel: die Virologen. Sie tauchten in der Öffentlichkeit auf, als die Fußballspieler dank Covid-19 untertauchten, ce qui facilita la montée en puissance de leur popularité. Die Virologen: eine neue Gattung, en France comme en Allemagne.

Die Wissenschaft als Volkssport. En réalité nous ne comprenons pas grand-chose à leurs explications, aber sie beruhigen uns. Sie haben als Spürnasen des Covid-19 quasi eine priesterliche Funktion übernommen, aber sie streiten sich wie fundamentalistische mit liberalen Bibelforschern.

Spannend finde ich die Kamera-Virologen. Sie kurven um unsere Lunge herum wie in einem Science-Fiction-Film. Das hat auch eine esoterische Dimension. Die Bilder erinnern mich an die Kristallwelten in Wattens bei Innsbruck, wo André Heller für Swarovski eine Höhle entwarf. Damals drehte ich *Surfen im Jenseits* für das ZDF.

Wir staunen über Covid-19, dabei gibt es zahlreiche Filmproduktionen wie z.B. *Virus*, von Aashig Abu. Der Staat Kerala wird vom Virus Nipah heimgesucht. Also nichts Neues unter der Sonne. Sauf la différence entre film et réalité.

Hunderte von Virologen buhlen hüben und drüben um Aufmerksamkeit. Virus-Imperator Christian Drosten ist in Frankreich bekannt. Virus-Imperator Didier Raoult vielleicht weniger in Deutschland, mais il est la star indiscutable parmi les virologues tricolores: futur prix Nobel naturellement, parce qu'il est français.

Der Franzose aus Marseille raconte que le Covid-19 provoque moins de morts que les accidents de trottinette. Er nimmt die ganze Sache nicht so ernst, bald wird der Virus wegfliegen wie die Störche im Herbst. Gesundheitsminister Véran beschimpft ihn: „Tu t'es planté!" Du hast dich geirrt. Macron hat ihn dennoch besucht. Mein Schulfreund Marc, Arzt in Marseille, a travaillé avec lui: „un génie", sagt er.

Der zarte Drosten sieht mit dem schwarzen Haarschopf wie ein Franzose aus. Raoult, der Draufgänger, ähnelt mit seiner blonden Mähne et sa carrure d'haltérophile einem Germanen aus dem Bilderbuch. Beide haben eines gemeinsam. Sie finden, dass Kollegen, qui ne partagent pas leurs opinions „Quatsch" reden. Und Covid-19 lacht sich weiter ins Fäustchen.

16. Mai 2020

5. Franz Kafka und das Coronavirus.

Der Landvermesser K. kommt voller Tatendrang im Schlossdorf an. Leider wird er nicht mehr gebraucht. Schuld sind die Kontrollbehörden.

Der Vorsteher klärt K. auf: „Diese Antwort scheint aber nicht an die ursprüngliche Abteilung, ich will sie A nennen, zurückgelangt zu sein, sondern irrtümlicherweise an eine andere Abteilung B. Die Abteilung A blieb also ohne Antwort, aber leider bekam auch B nicht unsere ganze Antwort, sei es, dass der Akteninhalt bei uns zurückgeblieben war, sei es, dass er auf dem Weg verlorengegangen ist."

K. staunt parce qu'il a quitté son village et sa famille pour rejoindre son nouveau poste de travail.

„Ein Kontrollamt entdeckte inzwischen", klärt ihn der Vorsteher weiter auf, „dass aus der Abteilung A vor vielen Jahren an die Gemeinde eine Anfrage wegen eines Landvermessers ergangen sei, ohne dass bisher eine Antwort gekommen sei."

Im Maskenball der Nationen steht Frankreich eindeutig an der Spitze. Aucun Français vivant ne croit aux versions officielles et successives du gouvernement qui promet des masques qui n'arriveront jamais. Zu Hause in Soultzeren warten wir seit Wochen auf die versprochenen Masken. Der Publizist Francis Guthleben hat 2.000 Euros für Masken gespendet, destinés à notre village Soultzeren, um die lokale Regierung zu unterstützen. Nous attendons.

Macron behauptete diese Woche contre toute évidence: „Nous n'avons jamais été en rupture de masques."

Kafka: „Es ist ein Arbeitsgrundsatz der Behörde, dass mit Fehlermöglichkeiten überhaupt nicht gerechnet wird."

Genau. Die Spürnasen Gérard Davet et Fabrice Lhomme, von der Tageszeitung Le Monde, haben schwarz auf weiß bewiesen, dass noch im April 2020 massenweise Masken vernichtet wurden, weil Abteilung A und Abteilung B des französischen Gesundheitswesens nicht miteinander kommunizierten. Die Franzosen sprechen von „mille feuilles administratif".

Hat Literat Macron *Das Schloss* von Kafka gelesen? Im Roman würde er die Lösung finden, wie Frankreich neu zu erfinden ist, comment réinventer la France, wie er es den Franzosen bei seiner Wahl vor drei Jahren Auge in Auge versprochen hat.

Das Adjektiv kafkaesk auf Deutsch und kafkaïen auf Französisch bleibt in beiden Nationen beheimatet, mit einem eindeutigen Bonus für das jakobinische Frankreich.

23. Mai 2020

6. Glückskäse und Inselglück. Le bonheur du lockdown.

Der Ort Saulxures-sur-Moselotte liegt am Fuße der westlichen Vogesen, Moselotte ist der Kosename eines Nebenflusses der Moselle, der Mosel also.

Lionel und Laura produzieren dort Münsterkäse. Covid-19 stürzte auch sie in die Krise. So lagerten sie den Käse länger als üblich. „On ne peut pas fermer le robinet des vaches ", sagt Lionel. Kuheuter stellt man nicht wie einen Wasserhahn ab. La réserve de fromage a grandi quotidiennement.

Zu ihrer Überraschung le fromage se métamorphosa. Es entstand ein neuer Käse. „Gar nicht schlecht", fanden die beiden, tauften ihn *le confiné* en souvenir du Covid-19: „confiné" heißt „von der übrigen Welt abgekapselt". „Nous sommes confinés", wir befinden uns im Lockdown. Succès complet. Die Kunden sind begeistert, kaufen ihn wie verrückt. Lionel und Lara sind glückliche Bauern.

„Comment voulez-vous gouverner un pays où il existe 258 sortes de fromages", fragte General de Gaulle. Ab sofort ist es noch schwieriger Frankreich zu regieren, es gibt eine Sorte Käse mehr.

Meine Urgroßeltern sind in Saulxures-sur-Moselotte begraben. Im Winter 1915 tobte der Erste Weltkrieg in der elsässischen Heimat. Sie flüchteten über die Vogesen nach Frankreich. Deutsche und französische Bomben zerstörten ihr Dorf. 1918 fielen sogar amerikanische Bomben auf unser Haus.

Hélène et Jules hingegen befinden sich gerade auf der Inselgruppe Kiribati im Pazifik. Hélène schreibt ihren Master über das Verschwinden des îles beim Klimawechsel. Immer mehr Inseln sont menacées par le changement climatique. Die Einwohner müssen auswandern.

Dank Covid-19 ist das Paar auf der Insel blockiert. Flüge nach Hause alle storniert. Vielleicht schaffen sie es erst im Herbst. Immer wieder schicken sie Bilder nach Hause. Ils habitent dans une petite Hütte sur pilotis wie die Pfahlbauten in Unteruhldingen am Bodensee. Sie schreiben, schwimmen und lieben sich. Ein glückliches Coronapaar. Die Eltern im Elsass sind neidisch.

Auch die Atlantikküste bröckelt stetig ab. Irgendwann wird der Ozean ganz Frankreich überschwemmen bis hin zu den Vogesen. Dann bleibt nur noch das Elsass übrig. Lorsque le couple sera de retour en Alsace, Hélène pourra écrire sa thèse de doctorat sur les conséquences du changement climatique en France et en Europe.

13. Juni 2020

7. Randexistenzen. Les pestiférés.

Wir erinnern uns alle an die hässlichen Auswüchse des Covid-19 in den Grenzgebieten: Beleidigungen statt grenzüberschreitender Freundschaft: Europa am Ende?

Ende gut alles gut: ich kaufe wieder meine Zahnpasta bei *dm* in Deutschland und meine Nachbarn aus Freiburg, Roman und Anja, ont retrouvé leur résidence secondaire dans la vallée de Munster, was mich freut.

Wenn ich bei Anita in Hinterzarten das Wochenende verbringen möchte, werde ich als Franzose nicht ausgestoßen wie Veronika aus Gütersloh, die gebeten wird de rentrer à la maison. Da kann Ministerpräsident Laschet noch hundertmal toben: „Ich werde nie akzeptieren, dass Bürger aus Gütersloh stigmatisiert werden." Rien n'y fait, même les Bavarois demandent aux Bürger de Gütersloh un passeport Covid-19, der beweist, dass sie coronasauber sind. C'est le monde à l'envers, genauso in Frankreich.

Si je réserve un camping in Korsika ist der Campingplatz besetzt, wenn der Besitzer hört, dass ich aus dem Elsass stamme, département du Haut-Rhin (68), dort wo Covid-19 bei einem Gottesdienst seinen Anfang nahm. Wobei Elsässer und Korsen normalerweise zusammen gegen Paris schimpfen.

Bitte ich einen Freund nochmals anzurufen und gebe als Herkunft Rochefort im Dépt. Charente-Maritime (17) an, – das département war nie Risikogebiet – gibt es kein Problem.

Früher war alles klar: Nation gegen Nation, Deutsche gegen Franzosen und umgekehrt. Im Augenblick erleben wir aber einen Riss innerhalb der einzelnen Nationen. Un moment étonnant mais propice pour réfléchir à la notion de frontière qui semble aussi volatile que le Covid-19. Selbst in den USA l'Etat de New-York refuse les visiteurs des Etats voisins, die als Risikogebiet gelten.

Begriffe wie Patriotismus und Nationalismus versinken im Corona-Weihrauch. Francesco Magris, Sohn des Donaupoeten Claudio Magris, schrieb ein Buch: *Die Grenze: Von der Durchlässigkeit eines trennenden Begriffs.* Paul Zsolnay Verlag, 123 S., 18 Euro.

Klar, der Begriff Grenze trennt, aber eben nicht nur als nationaler Menschenschutz wie Innenminister Klaus Bouillon es ungeschickt formulierte, sondern zwischen Menschen einer und derselben Nation: en France et en Allemagne.

Magris wirft einen neuen Begriff in die Runde: die „Randexistenz": Plötzlich wird man unerwünscht, als Gütersloher Bürger auf Usedom oder als Elsässer in Korsika.

27. Juni 2020

8. Wissenschaft und Wahrheit. Science et vérité.

Wissenschaft und Wahrheit, science et vérité, eigentlich ein Thema für Philosophen, die sich im stillen Kämmerlein oder in Fachzeitschriften streiten. Grâce au Covid-19 wurde das geistige Duell mit Hilfe der Medien zum Volkssport und beschäftigt den Stammtisch. Warum nicht?

Wir stellten zunächst überrascht fest, dass die Wissenschaft keine Einbahnstraße bildet, die zur Wahrheit führt. Aber was heißt schon Wahrheit?

A l'inverse, la vérité de la science scheint sich in der Luft aufzulösen, lorsque les savants sich gegenseitig fertig machen en nous apportant au nom de la science widersprüchliche Antworten.

Ce virus qui rend fou, so heißt das neue Buch des Star-Philosophen Bernard-Henri Lévy, das sicher bald ins Deutsche übersetzt wird.

Plötzlich ersetzen Mediziner die Politiker, qui ne savent plus sur quel pied danser, wie man auf Französisch sagt, sie kommen buchstäblich beim Tanzen aus dem Takt und stolpern ins Ungewisse.

Schließlich mischt sich ein dritter Partner in das Duo Wissenschaft und Wahrheit ein, nämlich der Glaube, la croyance. Mit dem Glauben entfernen wir uns aber gleichzeitig von der Wissenschaft und der Wahrheit, ce qui rend la solution du problème encore plus complexe. Aus dem Streit der Wissenschaftler wird ein Glaubensstreit, der uns direkt in die Zweifelsspirale führt.

Aber der Mensch sehnt sich nach Antworten. Si la science ne lui apporte pas de réponses concrètes, il cherche ses propres réponses. Deshalb grassiert in Krisenzeiten schon immer der Komplotismus. Die Zerstörung der Twintowers wurde vom U.S. Geheimdienst organisiert und die Mondlandung fand im Studio statt.

Bei Gott ist es relativ einfach, nicht wissenschaftlich zu beweisen, also bleibt die Wahrheit außen und vor, der Glaube genügt.

Chez Trump la réponse semble claire: die Fakten sprechen gegen ihn. Aber wie ist es in Europa mit dem Lockdown. Ab wann brauchen wir zum Beispiel keine Masken mehr?

Die einen Politiker sagen ab sofort, die anderen sind vorsichtig, weil die Toten keine Glaubensfrage sind und sogar die sogenannten Genesenen ne sont pas entièrement guéris.

Wissenschaft ohne Fragen gibt es nicht, Wahrheit ohne Fragen auch nicht.

18. Juli 2020

9. Vorher und Nachher. Avant et après.

Es wird derzeit viel geredet über vorher und nachher, l'avant et l'après. Vor Corona und nach Corona.

Dieses kleine unsichtbare Ungeheuer, mit dem Doppelnamen Covid-19 soll angeblich unsere Welt verändern. Unsere „Weltanschauung", wie die Philosophen sagen, ne sera plus la même.

Wie? Weniger Flugzeuge, weniger Konsum, mehr Kultur, mehr Fahrradpisten, mehr Umweltbewusstsein? Gelassenheit statt Hetze? Die neue Entdeckung der Langsamkeit als Tugend, pour paraphraser Sten Nadolny? La découverte de la lenteur?

Die furiose Lust auf den üblichen Alltag nach dem Lockdown verspricht nicht unbedingt ein neues Leben, animé par une décroissance heureuse. In Frankreich haben les Verts, die Grünen, Großstädte wie Straßburg, Bordeaux oder Grenoble erobert, allerdings nie allein, mais avec l'aide des partis de gauche. Außerdem gingen nur wenig citoyens zur Urne. Dennoch träumen les Verts schon von einem Grünen Präsidenten bei den nächsten Wahlen 2022.

Aber die Sehnsucht pour la vie d'avant ist noch nicht gestorben. In meinem Tal brummen die Auspuffe der Biker wie noch nie. Kurventraining ist wieder angesagt.

Wie war es bei früheren Pandemien? Im Roman von Joseph Roth *Das falsche Gewicht* bricht die Cholera aus. Les habitants de la frontière du Doppeladler avec la Russie tombaient comme des mouches, so sagt man auf Französisch. Die Menschen starben wie Fliegen.

Die Seuche hatte auch Vorteile. Die Sträflinge des großen Kerkers in Zloczow wurden als Leichenbestatter durch die Gegend geschickt: „… mit Ketten zusammen, mit langen Ketten und klirrend und rasselnd stiegen sie in den Zug, von Gendarmen mit aufgepflanzten Bajonetten begleitet."

Jadlowker, der ehemalige Besitzer der Grenzschenke – er war nicht der einzige – sackte zusammen. Die Täuschung war perfekt. Il se retrouva à l'hôpital de Zlotogrod. Bald übernahm er die Identität eines echten Toten und lebte weiter als freier Mensch.

Ein starker Frost brach über Nacht aus. „Über Nacht starb auch die Cholera. Die Kranken wurden gesund, und kein Gesunder mehr wurde krank. Man vergaß die Toten – wie man immer die Toten vergisst", schreibt Roth. „Man begräbt sie. Am Ende vergisst man sie. Das Leben hielt wieder seinen Einzug in den Bezirk Zlotogrod."

24. Juli 2020

II. Reiselust – La joie du voyage.

1. Der letzte Mohikaner. Le dernier Alsacien polonais.

Ich reise régulièrement auf Spurensuche nach Polen. Als Elsässer wurde mon père 1944 recruté dans la Wehrmacht und nach Galizien geschickt. Auparavant il a fait le début de la guerre in französischer Uniform, von 1939 bis 1940.

Il a été tué le 3 février 1945 par un sniper russe près de Bielitz, heute Bielsko-Biała, mit Blick auf die Beskiden, qui ressemblent aux Vosges et au Schwarzwald.

J'ai grandi mit dem Foto de mon père in französischer Uniform, accrochée au mur du salon. Aber er starb en uniforme de la Wehrmacht.

Südlich von Katowice trinke ich einen Kaffee in Wilamovice, pas très loin d'Auschwitz. César, mon interprète, m'apprend que le village eine deutsche Sprachinsel ist. „Wilmesauerisch" wird hier gesprochen, ein Dialekt qui s'est maintenu envers et contre tout durant des siècles.

Ich will mehr wissen. Eine junge Frau schickt uns zu „Pan Enzyklopädie", comme elle dit: „Il sait tout!" Nous trouvons Franz Mosler, 90 ans, – heute Francisek Mozler – qui parle parfaitement allemand. Il nous raconte, dass das Dorf im Jahre 1500 von Schlesien an Polen verkauft wurde. „Wir sind eine Sprachinsel und ich bin der letzte Mohikaner", sagt er stolz. „Die Vorfahren sollen aus Flandern kommen, mais certains prétendent que nos ancêtres aus dem Elsass stammen", ergänzt Franz halb Deutsch, halb Französisch. Il a passé quelques mois en France während des Krieges.

Ich hole eine Flasche Riesling aus dem Kofferraum pour fêter l'événement. „Franz, vielleicht sind wir cousins? Auf Soultzeren und Willamovice. Vive l'Europe!" Après la première bouteille wird die zweite geköpft. Je chante „D'r Hans im Schnakenloch", l'hymne national alsacien, et Franz enchaîne Elsässisch: „het alles was er well und was er well, das het er net und was er het das well er net."

Ich komme aus dem Staunen nicht mehr raus. Ewa, seine Enkelin, ne comprend pas un mot. Genau wie zu Hause en Alsace, wo die Enkelin den Grossvater nicht mehr versteht.

Est-ce que le Willmesauer Dialekt ist vraiment mit dem Elsässischen verwandt? Habe ich in Polen devant mes yeux den letzten Mohikaner aus dem Elsass getroffen?

22. August 2008

2. Auf Babel-Tour in Budapest. La perle du Danube.

Ich bin in Budapest eingeladen pour participer an einer Schriftsteller-Tagung. Das Sprachenfest beginnt schon in Wien. J'écoute la radio en longeant le Danube en voiture. Kinderstimmen beschallen den Raum. Ils appartiennent à la „Wiener Radiobande" und interviewen sich gegenseitig dans leurs langues respectives: Serbisch, Türkisch, Kroatisch, Ungarisch, Russisch, Tschechisch, Polnisch, Wienerisch.

Kaum in Budapest angekommen, je pars acheter quelques pommes dans la célèbre Markthalle, von Eiffel gebaut, le constructeur de la Tour du même nom à Paris. Silviu parle parfaitement le français. Er ist Ungar aus Transsylvanien in Rumänien. Der junge Mann schwärmt von Straßburg, wo er auf dem Weihnachtsmarkt gearbeitet hat. „Les gens parlent français et allemand dans la rue sans complexes." Il parle druckreif, vielleicht ein zukünftiger Schriftsteller?

Die Veranstaltungen finden im Petöfi Literary Museum statt. Agota Kristof liest aus dem autobiographischen Roman *Die Analphabetin.* Lorsque sa famille s'exila en 1956 du lac Ballaton en Suisse francophone, sprach sie kein Wort Französisch. Sie redet vom Kampf d'écrire dans une seconde langue, eine frühere Fremdsprache.

Les élèves du lycée français de Budapest treffen sich avec ceux du Thomas Mann-Gymnasium. Je leur parle de ma vie de vagabond, en français et en allemand, passant d'une langue à l'autre, wie in der Rheinpfalz-Kolumne. Zunächst staunen sie, aber bald spielen sie mit. Alles Gedankenschmuggler in spe.

Ich treffe mich mit Suzanne, der Tochter einer Kollegin vom ZDF. Je suis surpris d'apprendre qu'elle étudie la médecine à Budapest, allerdings kommt ein Semester auf 5.000 Euro. Le cursus est possible en allemand et en anglais, auf Französisch nicht. Dabei stammt Nicolas Sarkozys Vater aus Ungarn, mais il semble avoir oublié sa Herkunft.

Budapest ändert sich. La fameuse Vaci Straße ist überholt. Traversez la place Calvin, Kalvin ter et découvrez la rue Raday, le Saint-Germain-des-Prés hongrois. Besuchen Sie unbedingt die Buchhandlung von Georg, au nr 27, et saluez-le de ma part. Il vous expliquera en Hochdeutsch la place de la Hongrie dans la Weltkultur.

31. Oktober 2009

3. Kaliforniens Hohkönigsburg. Un château américain.

Wenn Sie den Highway 1, la route mythique qui surplombe le Pacifique between San Francisco und Los Angeles benutzen, stolpern Sie über John Steinbeck in Monterey und über Henry Miller in Big Sur. Sa cabane a failli être abgefackelt lors des incendies de 2008. „Le feu stoppte ten feets vor dem Haus", sagt mir Susan, lorsque je lui achète *A Devil in Paradise*. Je photographie die Schreibmaschine von Henry. Ein Blatt Papier steckt drin: „I had to shave his arm-pits and even then the ichting did not stop."

Ein paar Kilometer weiter je range ma Harley Davidson rouge le long de l'océan. Plötzlich staubt es wie in der Wüste. Meine Augen brennen. Je viens de déranger un troupeau d'éléphants de mer, die mir ihren Unmut beweisen, en balayant le sable blanc avec leurs nageoires.

Ich entschuldige mich und fahre nach „Hearst Castle", juste avant Cambria, la prochaine étape. Le château de William Randolph Hearst, Pressetycoon des vergangenen Jahrhunderts, ragt so stolz über den Pazifik wie die Hohkönigsburg über das Elsass.

Das Schloss besteht aus einer Mischung aus italienischem Barock, französischer Renaissance und Tempelkultur aus Griechenland. Avec un peu d'imagination on se croirait im Europapark de Rust.

Toutes les stars du cinéma mondial waren zu Gast hier, de Charlie Chaplin à Gary Cooper ou Clark Cable sans oublier Greta Garbo et Ingrid Bergmann. Interessant ist die Lovestory, die dahinter steckt, nämlich l'incroyable histoire d'amour entre William Randolph Hearst et l'actrice Marion Davies. Le magnat fit sa connaissance à l'âge de 58 ans. Sie war kaum 16 Jahre alt. Die Liebesgeschichte dura 32 ans.

Les Reiseführer behaupten, dass die Geschichte inspira Orson Welles pour son film Citizen Kane. „Es stimmt nicht", schreibt Orson Welles im Vorwort zum Tagebuch von Marion Davies: *The time we had.* William Randolph Hearst war schon reich le jour de sa naissance. Charles Foster kam arm auf die Welt. Auch Marion, die Geliebte von Hearst, n'est pas née pauvre, contrairement à Susan, la femme de Kane. „The wife (Susan) was a puppet and a prisoner, the mistress (Marion) was never less than a princess", schreibt Orson.

24. September 2011

4. Kaffeepause auf Schloss Bedheim. Affinités électives.

Es gibt in Deutschland Autobahnen, die autofrei sind. Au nord de Würzburg, direction Hildburghausen, vous êtes seul sur l'autoroute. Die Hasen sitzen erstaunt auf der Überholspur et se demandent qui sont ces animaux, die schneller rasen als sie selbst, mais en faisant plus de bruit.

Irgendwann überqueren Sie dann la frontière entre la Bavière et la Thuringe und machen eine Pause in Bedheim, gegenüber von Gleichamberg. Si vous avez de la chance, treffen Sie im Gartencafé des Schlosses auf Bernhard Kirfel et sa femme, Astrid Rühle von Lilienstern. Bernard est né à Coblence. In einem ersten Leben, il a travaillé comme prêtre catholique. Dans une deuxième vie il a épousé Astrid Rühle von Liliensten. Fünf Kinder kamen auf die Welt. Bernard arbeitete weiter als Professor der Soziologie dans différentes universités.

Après le Mauerfall, Astrid a décidé de retourner au château familial de Bedheim, une bâtisse baroque en partie en ruine, que le couple est en train de rénover. Son Opa, Hugo Rühle von Lilienstern, célèbre paléontologue, hatte im Garten einen Dinosaurier ausgegraben.

Ich staune nicht schlecht, Bernard parle le français et l'anglais, mais il se débrouille également en tchèque, italien et japonais. Er schrieb eine Reihe von Büchern. Je cite au hasard: *Heiliger Strom und himmliche Hügel, Geschichten vom Rhein und aus der Eifel und Geschichten von Schloss Bedheim.* Echte Literaturperlen.

Das Schloss soll Freude und Wissen stiften. Le mouvement pour la paix (Christlicher Friedensdienst) organisiert jährlich Workcamps au château. Aus aller Welt trifft sich die Jugend. Les jeunes travaillent à la Gärtnerei et redonnent vie aux vieilles pierres.

Bernard m'avait écrit: „Väterlicherseits stammt meine Familie aus einer dem Elsass nicht ganz unähnlichen ethnisch-kulturellen Mischmaschgegend, dem Wesertal. Nicht Weser-Fulda + Verra, sondern Weser-La Vesdre, die im hohen Venn (Hautes Fagnes) entspringt und über Eupen-Verviers nach Lüttich, Liège, Luik fliesst, wo sie in die Maas-Meuse mündet."

Heute ist diese Familie multikulti-linguistisch deutsch-französisch, deutsch-belgisch, deutsch-norwegisch, deutsch-arabisch.

Also eine Familie und ein Schloss für Gedankenschmuggler.

10. August 2013

5. Donau-Dreiländereck. Bulgarie – Roumanie – Serbie.

Wenn Sie sich zufälligerweise an einem 2. Juni in Bulgarien aufhalten, ne soyez pas effrayé si une Sirene um genau 12 Uhr beginnt zu heulen, die Bürger drei Minuten stramm stehen et les voitures cessent de rouler. Le 2 juin est la journée des héros en Bulgarie. Einer dieser Helden ist Christo Botev, le Che Guevara de la Bulgarie, der im Kampf gegen die Türken 1876 sein Leben verlor. Dans chaque ville bulgare finden Sie ein Denkmal zu Ehren des Helden, auch in Vidin, où les drapeaux européens ihm entgegen wehen, weil die Straßen gerade mit Europageld renoviert werden.

Vidin se trouve an der Donau, im Dreiländereck Serbien, Bulgarien, Rumänien, dass dank der Europabrücke depuis 2013 mit Bulgarien verbunden ist, nur noch 790 km vom Schwarzen Meer entfernt. La longueur du Danube depuis la Martinskapelle près de Furtwangen est de 2888 km.

In der Region von Vidin se sont toujours croisées les langues et les cultures, was le Gedankenschmuggler que je suis besonders fasziniert. Les Bogomiles, ces Cathares bulgares, waren hier zu Hause im 10. Jahrhundert, später les Haïdouks, ces rebelles contre l'ordre établi, les ancêtres de Christo Botev, poète révolutionaire, influencé par la révolution française.

Mais toi, ô Dieu de la raison
défenseur de tous les esclaves
dont bientôt célébreront la fête
tous les peuples braves!

Heute, auch dank Europa, fühlen sich die Engländer und die Deutschen durch die klimafreundliche Westregion Bulgariens angezogen. Mick hat das Phoenix Café in der Fußgängerzone eröffnet. Er stammt aus Norfolk et a décidé d'explorer l'Europe. Eddy et Debby haben ein Haus in Novi Celo an der Donau gekauft et vivent leur retraite en Bulgarie. Josi et Ralf, de Deggendorf, habitent à Dunavesti, près de Vidin. Die 90-jährige Oma ist gerade zu Besuch und verschlingt hemmungslos un gâteau anglais de Mick.

Ich grüße von Vidin aus die Familie Dold, les propriétaires du restaurant et de l'hôtel an der Donauquelle. Je crois que Franz et Karin vont bientôt prendre leur retraite. Vielleicht kommen sie auch nach Vidin, wo sie endlich in der Donau, qui n'est pas assez profonde à Katzensteig, schwimmen können.

8. Juni 2014

6. Tourismus im Balkan. Echange de populations.

Sie vous voyagez entre Dubrovnik et Zagreb, mit einer Pause in Plitvice, wird man Ihnen nicht unbedingt mitteilen que la population in der wunderschönen Region mit den zauberhaften Wasserfällen vor zwanzig Jahren regelrecht ausgetauscht wurde.

Les Serbes qui vivaient ici – la région s'appelle Kraina – mussten wegziehen nachdem die kroatische Armee die serbische Enklave säuberte. Damals 80% de la population était serbe, 20% croate, heute ist es das Gegenteil.

Tamara S., chez qui j'habite, me raconte. „Ich bin Kroatin, 1991 zog ich mit der Familie nach Zagreb. Eine serbische Familie, deren Haus anderswo von den Kroaten kaputt geschossen wurde, zog in das Haus. Sie zog weiter. Später besetzte eine moslemische Familie mein Haus, die allerdings alles, außer den Fenstern, mitnahm und über die nahe Grenze nach Bosnien zog." Tamara est revenue en 1995, heute elle subsiste grâce aux touristes qui visitent le parc naturel de Plitvice. Das Haus ist wunderbar eingerichtet. Aucune trace de la guerre.

J'aperçois entre les sapins – le village se trouve à 600 d'altitude – ein zerschossenes Haus. Man sieht es nicht durch die Fenster der Touristenbusse.

Une ruine datant de la guerre? Tamara raconte: „Hier wohnte eine serbische Familie, die Kinder mussten fliehen, die Eltern blieben. Im Dezember 1995 haben alkoholisierte Kroaten das Haus angezündet. Marija und Josip starben. Der Krieg war schon Monate zuvor beendet."

Die Täter wurden gefasst und verurteilt. Ils ont purgé leur peine et leben heute ein paar Kilometer von der Ruine entfernt. Ils passent tous les jours devant la ruine.

A côté de la maison de Tamara j'aperçois une maison fermée. Die Besitzerin ist Serbin, diente in den serbischen Streitkräften. Elle n'ose pas revenir. „Mit den Nachbarn passen wir auf das Haus auf", me dit Tamara, la Croate.

Une des Bedingungen pour l'entrée de la Croatie au sein de l'Union européenne a été le retour des Serbes dans leur Heimat. Cette condition n'est toujours pas remplie.

Des centaines de Japonais, de Chinois, de Coréens visitent les chutes. Ils ne sauront sans doute jamais rien des histoires qui se cachent entre les sapins. Aber wissen wir viel mehr?

20. September 2014

7. Frankreichkunde avec le Tour de France.

Es ist wieder soweit. Pour la 102ème fois les fous du vélo vont s'élancer sur les routes während drei Wochen. Das Ziel: les Champs Elysées le dimanche 26 juillet. Départ: Utrecht en Hollande.

Neu ist 2015, que la ARD die Tour de France nach einer Auszeit de plusieurs années wieder überträgt. Grund der Sperre war bekanntlich die Doping-Saga. Wird noch gedopt oder nicht? Je n'en sais rien. Interessiert sich Vélo-Rentner Jan Ulrich noch für die Tour? Ich weiß es auch nicht.

In seinem Buch *Mein Frankreich* Peter Sloterdijk se moque des „hygienischen Protestanten" aus dem hohen Norden, die nichts vom savoir-vivre der Südländer verstehen. „Der Radsport ist auch hierin strukturell katholisch: ohne Heuchelei nicht überlebensfähig. Reformation der Tour de France bleibt unvorstellbar."

Je me réjouis pour les amis allemands de la France, die ihren Frankreich-Urlaub mit den Tour de France Übertragungen vorbereiten. Die Kameramänner zaubern à moto wunderbare Bilder, grâce aux pilotes qui sont de véritables virtuoses. Filmisch gesehen ist die Tour de France das Pendant der winterlichen Biathlon-Rennen, die wie Krimis inszeniert werden et sont trois fois plus spannend qu'une course de Formule I.

Neu sind die Bilder avec l'aide de drones, die über die Schlösser fliegen und mit der Vergangenheit vertraut machen. Même en tant que Français je découvre de nouveaux paysages grâce au Tour de France. Im französischen Fernsehen France 2 werden auch noch die kulinarischen Angebote der Etappen vorgestellt. Etwa nach dem Motto von Friedrich Sieburg qui compare dans son livre *Unsere schönsten Jahre. Ein Leben mit Paris* la France avec une „essbare Landkarte". Une belle expression.

Le Tour ist bekanntlich ein Volksfest, ohne die Ausschreitungen der Fußballfans. Man braucht das Publikum nicht zu trennen wie im Fußballstadion. Die Fahrer werden alle bejubelt, egal woher sie kommen. Die Nationalität spielt keine Rolle.

Cette année fahren die Velo-Helden nicht durchs Elsass, ce que regrettent nos amis de la Pfalz, die die Bergstrecken in den Vogesen immer fest in der Hand haben. Le tracé nous mène en Bretagne et le Massif Central, bevor die Alpen drankommen. Das heisst, sie fahren dans le sens inverse des aiguilles d'une montre. Bon Tour de France.

3. Juli 2015

8. Der gallische Hahn vom Aosta-Tal. Comme en Alsace.

Wenn sie mit Recht auf dem Weg nach Süden den Engpass des Gotthard-Tunnels fürchten, nehmen Sie doch sans hésitations den Umweg über den Tunnel du Grand Saint-Bernard im Schweizer Wallis in Kauf. Vous arriverez à Turin, Milan ou Venise par la Vallée italienne des Aostatals, sans les embouteillages habituels.

Sie werden gewiss durch die französischen Ortsschilder in Italien überrascht sein: Saint-Rhémy-en-Bosses, Saint-Oyen, Etroubles, Gignod usw. La vallée d'Aoste flirtet sowohl avec le Mont Blanc als auch mit dem Matterhorn. Französisch war lange die Hauptsprache des Tals, genauer gesagt il s'agit du Franco-Provençal. Als 1861 das Königreich Italiens a unifié le pays, hat sich die italienische Sprache durchgesetzt, comme en Alsace à partir de 1648, als Französisch langsam aber sicher Deutsch ersetzte.

Mussolini a tenté d'éliminer le particularisme linguistique de la région. Le général de Gaulle a envoyé en février 1945 l'armée française ins Tal, um es an Frankreich anzugliedern, aber Truman, der Amerikaner, war dagegen et lui a demandé de retirer ses troupes. Spannend. Die italienische Verfassung von 1948 schützt Italiens Minderheitssprachen: Albanisch, Katalanisch, Deutsch, Griechisch, Slawisch, Kroatisch! Je rêve.

„La regione autonoma valle d'Aosta", région autonome vallée d'Aoste serait donc autonome et bilingue. Pustekuchen. Obwohl der gallische Hahn, le coq gaulois, das Symbol der Region ist, tout comme le coq orne le maillot der französischen Fußballmannschaft. Das Wochenblatt „La vallée" schreibt nur noch den Titel Französisch.

Les poètes valdôtains wie Davide Vierin Mirko sont morts. Sein Franco-Provençalisch versteht nur noch une minorité: *Dzeusto devan dzor, Juste avant l'aube. Torna vito, lèicha-mé pa in pèina. Reviens vite, ne me laisse pas en souffrance. Komm' schnell zurück, lass' mich nicht allein.*

Es gibt nicht wenige Bewohner de la vallée qui se débrouillent en français, un peu comme en Alsace où beaucoup d'Alsaciens parlent „mal" l'allemand. Aber Italienisch hat gesiegt, genauso wie der unsägliche Innenminister Salvini.

Je découvre la Waldenserkirche d'Aoste: *Lux lucet in tenebris.* Diesen Satz prägte Luther, als er lors de son retour de Rom im Sturm von einer Waldensergemeinde gerettet wurde. Das Licht leuchtet in der Finsternis.

7. August 2018

9. Begegnung in Triest à l'ombre de Sissi.

Wie eine Treppe nistet sich Triest in die Ausläufer der Alpen: Karst genannt. Vorzeige-Hafen des Doppeladlers, als Thronfolger Franz Ferdinand im Dezember 1892 den Torpedo Rammkreuzer „Kaiserin Elisabeth" für eine Weltreise bestieg qui le mena jusqu'aux contreforts de l'Himalaya. Il aurait pu mourir dans une crevasse, le destin en décida autrement. Er wurde bekanntlich Opfer eines Attentats à Sarajevo. Der Tod in einer Gletscherspalte oder durch die Kugel eines serbischen Nationalisten: le hasard est son propre Zufall.

Mais revenons à Trieste, ville de la Mitteleuropa par excellence comme l'écrit Claudio Magris, le poète du Danube, der die Multinationalität der Stadt an der Adria immer wieder beschreibt. *Triestinita* nennt sich diese eigenartige Mischung von Slawen, Germanen und Romanen, die sich nach dem Ersten Weltkrieg auf die doppelte Seele der Slowenen und Italiener reduzierte. Dennoch steht Elisabetta, Sissi genannt, immer noch stolz sur la place de la gare de Trieste, nommée Piazza de la liberta.

„The lost", das Verlorene, beschreibt ein junger Mann Triest. Kevin est en train de lire *l'Introduction à la psychanalyse* de C. G. Jung au café San Marco, Battisti Strasse Nr. 18. Der Mythos des Vergessenen, une maladie de notre siècle. Ich lese im Lieblingscafé von Magris *La Novella del buon vecchio e della bella fanciulla e altri racconti* von Italo Svevo. Une histoire d'amour d'un vieil homme avec une jeune fille. Gibt es auch auf Deutsch bei Wagenbach. Der Autor wurde von James Joyce hier entdeckt. Le long du Canale Grande triestois können Sie sich neben die Statue von Joyce stellen. Danach wird Ihnen sogar das Twittern leichter fallen.

Mais l'homme qui m'a le plus impressionné à Trieste est Angelo Ljubicic. Ich traf ihn auf einer Bank mit Blick auf Sissi. Der Kroate flüchtete im Sommer 1968 als jugoslawischer Soldat nach Triest, später nach Amerika. Aujourd'hui il est cuisinier au restaurant du Club Award à New-York. Il me montre une photo sur laquelle le Prince Charles le félicite.

Les Vespas und ihre Nachfolgerinnen huschen ununterbrochen an der Joyce Bar vorbei. Die *Italianita* hat die *Triestinita* engültig ersetzt.

10. Overtourismus. Le tourisme en question.

Touristen ersetzen Soldaten und das ist auch gut so. Die Europa-Hasser haben das nicht verstanden, oder bevorzugen sie une Europe guerrière dans laquelle die Generäle das Sagen haben?

Dennoch wissen wir inzwischen, dass die Touristen die Einheimischen überfordern können, sei es in Venedig, Marseille, Barcelona, Dubrovnik oder Kotor im Montenegro.

Sogar am Everest im Himalaya gibt es Alpinisten-Staus. Le même problème se pose au Mont Blanc, wo der Aufstieg inzwischen mit Eintrittskarten geregelt wird und die Touristen auf bergtaugliche Ausrüstung überprüft werden.

Seit in Colmar eine chinesiche TV-Serie gedreht wurde, les Chinois ont découvert la capitale du vignoble alsacien. Zu Hunderten spazieren sie durch die Altstadt: Petite Venise genannt.

Im Berner Oberland sind Gäste aus dem Nahen und Fernen Osten schon länger präsent. Eiger-Mönch-Junfgrau sind ein Muss geworden. Eine Bahn befördert sie aufs Jungfraujoch: 3500 Meter über dem Meer. Les touristes de Pékin ou de Shanghai savent qu'un James Bond a été tourné au Schilthorn, appelé Piz Gloria, au-dessus de Mürren. Das Ski-Ass Willy Bogner spielte mit.

Wie geht man damit um? C'est la question que se posent également les chrétiens du Berner Oberland. In Wengen entdecke ich einen Flyer: „Kontraste. Menschen in Osteuropa und Gäste aus dem Nahen und Fernen Osten. Gäste aus dem arabischen Raum verbringen vermehrt ihre Ferienreise in unserer Region. Konflikte und Missverständnisse entstehen dabei nicht nur zwischen Bahnschranken." Der Touristenansturm steigt. Interlaken, zwischen Thuner und Brienzer See, wird als „kleines Nahost" bezeichnet.

„Seit 2018 am Fuße der Jungfrau ein paar Familien, dont les femmes étaient voilées, ein Schaf bei den berühmten Trümmelbachfällen gegrillt haben, spricht man von Overtourismus", sagt mir Pfarrer Markus Tschanz aus Lauterbrunnen. „Es geht darum die Balance zu finden, zwischen Tourismus und Schweizer Traditionen."

Die Oberlandregion hat bekanntlich Olympische Winterspiele stets abgelehnt, eben um die Balance nicht zu verlieren.

Mais le choc des cultures est programmé. Wie kann man ihn vermeiden? Eben indem man darüber redet. Am 11. November 2019 wird über die Gäste aus China in der Kirche von Lauterbrunnen diskutiert.

12. Oktober 2019

III. Das Geheimnis der Grenze – Le mystère de la frontière.

1. Grenzsteine a. D. Adieu les frontières.

Je porte mon Blick über die Grenze hinweg ins andere Land, ins andere Herz, je découvre au-delà des frontières d'autres pays, d'autres coeurs. Deshalb j'adore auf dem Vogesenkamm zu spazieren. Au loin j'aperçois les Alpes. Le Mont Blanc schwenkt seine weiße Kapuze als Begrüßung.

Näher, gerade gegenüber, j'aperçois la Forêt Noire, greifbar nah, wie eine lange ausgestreckte Torte. Les Français de Paris ont souvent peur de disparaître dans la Schwarzwaldtorte wie die Alpinisten in einer Gletscherspalte.

Je raconte parfois que je vois le soleil se lever im Osten sur le Bosphore, bevor er sich im Westen in New York zur Ruhe setzt. Paris bleibt meistens im Nebel. Dann glauben selbst die Elsässer que j'ai passé la nuit dans un tonneau de Riesling.

Mein Hausberg nennt sich Hohneck, 1362 Meter über dem Meer, und neckt sowohl Frankreich als auch Deutschland avec humour, depuis toujours. Von Munster aus können Sie gleich die Trasse de l'ancienne Zahnradbahn bis auf den Gipfel verfolgen und dabei oben als récompense einen Siaskaas, le munster de la première heure mit Schnaps, Zucker und crème fraîche verschlingen.

Avant la Première Guerre mondiale lag la frontière hinter meiner Haustür, au col de la Schlucht. Un train reliait la France et l'Allemagne. Im Speisesaal de l'hôtel Tétras vous pouvez admirez les photos des visiteurs : Kaiser Wilhelm II, Adolf Hitler, Albert Schweitzer. Auf einem Poster lesen Sie „Schluchtbahn. Durchquerung der Hochvogesen durch die elektrische Zahnradbahn Münster-Schlucht. Höchste Bergbahn in Deutschland."

L'Alsace était allemande de 1871 à 1918. Deux guerres mondiales haben die Bahn zerstört. Résultat: tous les week-ends stirbt ein deutscher Motorradfahrer parce qu'il se prend pour le Schumacher de la moto.

Die Gegend im oberen Münstertal gehört zum Parc des Ballons, wilder que la Forêt-Noire. Beim Spazieren vous pouvez vous reposer auf den alten Grenzsteinen F/D couverts de mousse, die Ihnen alle diese Geschichten noch besser erzählen, dans toutes les langues du monde, ja manchmal spricht sogar so ein Grenzstein a. D. pfälzisch.

13. Juni 2003

2. Annäherung auf der Landkarte. Cartes bilingues.

Markus aus der Pfalz besucht den deutschen Soldatenfriedhof von Laurahütte, Semianovice, bei Katowice in Südpolen. Son père est enterré en terre polonaise. En traversant Schlesien, il s'est perdu plusieurs fois unterwegs, weil die polnischen Ortsnamen, die früher deutsche Ortsnamen waren, ihm fremd sind.

Markus kann beruhigt sein. Seine nächste Reise nach Polen wird geographisch problemlos verlaufen. Le marché des cartes routières s'enrichit d'une nouveauté. Je cite: „Autokarte Polen 1/750.000. Zuzüglich historische Grenzen des Großdeutschen Reiches und der freien Stadt Danzig (1939). Deutsche Ortsnamen. Verzeichnis der deutschen und polnischen Ortsnamen. Aktuelles Strassennetz."

Dzierzoniow/Reichenbach. Jelena Gora/Hirschberg. Zlotoryja/Goldberg. Bielsko-Biala/Bielitz-Biala, ainsi de suite. César, mein Dolmetscher, staunt nicht schlecht lorsqu'il découvre en prime le tracé des frontières en 1939. „Il y a dix ans une telle carte était impensable", me dit-il en souriant. Mein Freund Thomas Gläser, Generalkonsul für Südpolen, ist ebenfalls sprachlos.

Die Landkarten sind auch immer Geisteskarten. Je me souviens des cartes de l'armée américaine en Ex-Yougoslavie. Die Straßen hießen San Antonio, Denver, Houston, San Francisco. Soldaten müssen sich immer heimisch fühlen. Die Wehrmacht a procédé de la même manière in Ost-Europa. Vor Moskau wurden die Ortschaften umgetauft: Nowo Alexandrowskoje/Fürth. Jagundino/Nürnberg. Sergejewo/Strassburg.

Les noms dokumentieren l'état psychologique des relations entre les Etats. Les Allemands ont plusieurs fois germanisé les noms français en Alsace. Umgekehrt auch. Mit einigen Ausnahmen blieben die Namen aber 1945 Deutsch, auch die Familiennamen. En Pologne c'était différent.

La nouvelle carte prouve, dass sich die Beziehungen zwischen Deutschen und Polen verbessern. La prochaine étape sera le livre d'histoire allemand-polonais, wie die Franzosen und Deutschen es geschafft haben mit dem Buch *Histoire – Geschichte.*

Dass es länger dauert zwischen Polen und Deutschen qu'entre les Français et les Allemands ist normal. Schließlich les Français étaient des ennemis, les Polonais des sous-hommes. La différence est gravierend. Les nazis ont traité les Slaves de Untermenschen, les Français comme des adversaires.

25. Oktober 2008

3. Die Rückkehr der Grenzen. Le retour des frontières.

Die Franzosen haben Grenzgebäude länger stehen lassen que leurs voisins allemands. In Strasbourg les bâtiments ont erst été abgefackelt durch die Autonomen lors de la réunion de l'OTAN (NATO) en 2009. A Neuf-Brisach, gegenüber von Breisach, un parc vient enfin de remplacer die alte Grenzstation. Dabei entstand auf deutscher Seite schon länger eine kleine Einkaufsmeile. A Lauterbourg, zur Pfalz hin, muss man die alte Grenze à la loupe suchen. Aber am Ende der Autobahn A 35, kurz vor dem Bienwald, existiert noch eine Kasachstan-Grenze. Die Gebäude sehen surtout la nuit gespenstig aus. Sie bleiben einsatzbereit.

Monsieur le Président Sarkozy möchte also gerne wieder Grenzpfähle in den Boden rammen parce que des milliers de Tunisiens arrivent en France. Madame Marine le Pen, die Chefin der französischen Rechtsextremen, freut sich. Sie will sogar den Euro abschaffen.

„Mon grand-père a libéré la France et maintenant les Français nous rejettent comme des criminels", sagt Ali in sehr gutem Französisch in die Kamera. Auf meinem Hausberg, le Hohneck, 1362 Meter über dem Ozean, mit Blick auf den Schwarzwald und die Alpen, steht ein Denkmal: „En mémoire des tirailleurs tunisiens morts pour la France en décembre 1944."

Die vergessenen Befreier heisst ein Theaterstück von Yan Gilg, directeur de la compagnie des „Mémoires vives". Die Schauspieler sollte der Präsident dans les jardins de l'Elysée auftreten lassen, peut-être le 14 juillet, Fête nationale. Muss mal mit Carla reden. Seine Frau ist die kulturelle Beraterin de monsieur Nicolas.

Dabei spart der Staat bei Tunesiern die Unterrichtskosten, da sie praktisch alle la langue de Molière beherrschen. Meine Landsleute sind wirklich lustige Vögel. Jour et nuit les responsables politiques expliquent que la France in Europa am meisten Emigranten aufnimmt. C'est faux. Während des Balkankrieges haben die Deutschen viel mehr Flüchtlinge aufgenommen. Aber wir sind le pays des Droits de l'homme, da sind wir automatisch die besseren Demokraten.

Monsieur le Président hat neulich das Elsass mit Deutschland verwechselt. Il n'est pas exclu, dass er die neue Grenze schon auf dem Vogesenkamm ziehen wird. Les bornes frontières en granit (1871-1918) sind noch gut erhalten. F Richtung Paris. D Richtung Berlin.

30. April 2011

4. Wohin mit dem Elsass? Où va l'Alsace?

Die Grenzen bewegen sich in Europa. Les Ecossais ont failli se séparer du Royaume Uni. Die Katalanen fühlen sich nicht mehr als Spanier. L'Ukraine risque de perdre les territoires im Osten des Landes. „Wenn es so weiter geht, sieht Europa bald wie eine Speditionsfirma aus", répète inlassablement Michael Gorbatschow.

Und was mit den Elsässern? Die Regionen in Frankreich werden bekanntlich umgestaltet. Le gouvernement – ohne das Volk zu fragen – a prévu que l'Alsace fasse partie einer Megaregion avec la Lorraine et Champagne-Ardennes. Die Elsässer sind nicht einverstanden et ont peur de disparaître définitivement.

Das Umweltministerium a décidé d'isoler les maisons par l'extérieur. Die Fachwerkhäuser werden ganz einfach verschwinden. Les Alsaciens craignent naturellement que dans une deuxième étape les cigognes soient étranglées, les Flammakueche interdits, das Sauerkraut vergiftet und der Wein in den Rhein umgeleitet. Peut-être même que die Weihnachtsmärkte verboten werden. Strasbourg bangt schon lange um den Sitz des Europarlaments. Dorénavant la capitale alsacienne doit se faire du souci pour son magnifique Christkindelmarkt, son marché de Noël, considéré comme la huitième merveille du monde.

Roland Ries, Oberbürgermeister von Straßburg, ne dort plus. Wir saßen kürzlich am Tisch de l'ambassadeur de la Bundesrepublik auprès du Conseil de l'Europe: Julius Georg Luy et de son épouse Raluca Cretu. Roland fragte mich leise auf Elsässisch: „Soll I d'r Herr Botschafter frojie ob di Schwowa s'Elsass wedder welle?"

Personnellement je préfère la Suisse, da ich Bergsteiger bin. Mais Roland pense plutôt à la Pfalz où une de ses arrières-cousines possède une Gartenlaube am Rande von Landau.

In Frankreich entscheidet monsieur le Président über Krieg und Frieden tout seul en regardant le bout de ses chaussures. Deshalb hat Hollande vor zwei Wochen durant une émission de télévision qui a duré 100 minutes genau 340 Mal „Je" gesagt. Zwei Buchstaben bestimmen die französische Politik ... et l'avenir de l'Alsace.

Angela a regardé l'émission am Kupfergraben in Berlin. „Diese Franzosen!" soll sie mal wieder gesagt haben. „Joachim, ich versteh sie noch weniger als Putin!"

22. November 2014

5. Bergversetzer und Grenzversetzer. Un éditeur casse-frontières.

Es gibt Menschen, die Berge versetzen. Ils déplacent des montagnes. Es gibt auch Menschen, die Wörter versetzen. C'est le cas de Lojze Wieser, Jahrgang 1954, wohnhaft in Klagenfurt/Celovec am schönen Wörthersee, wo man „leider" zahlen muss, um zu baden, comme me le précise die Dame an der Kasse.

Lojze ist zweisprachig aufgewachsen, Slowenisch als Muttersprache, Deutsch als Schulsprache. Im Grenzgebiet gibt es eine slowenisch sprechende Minderheit. Er hat sich zur Lebensaufgabe gemacht, die Autoren aus dem östlichen Europa ins Deutsche übersetzen zu lassen oder sogar selbst zu übersetzen, wie zum Beispiel aus dem Serbischen, dem Slowenischen, dem Kroatischen, dem Mazedonischen.

Sa maison d'édition vient de fêter son trentième anniversaire: *Im dreißigsten Jahr. Weitere Anmerkungen eines Grenzverlegers.* Die 400 Seiten (14,95 Euro) dokumentieren die Arbeit von Lojze, der von einem Kollegen du Journal „Die Zeit" als „der Extremsportler unter den Verlegern" bezeichnet wird (www.wieser-verlag.com).

L'ami de Peter Handke a publié mehrere hundert Autoren qui risquaient, sans le travail du Grenzverleger, de ne pas traverser das Karawanken-Gebirge qui sépare l'Autriche de la Slovénie aussi facilement que les Bären, die den Kärntnern Bienenzüchtern den Honig klauen.

Wie viele Kilometer müssen wir noch zurück, um einander wieder dort zu begegnen, wo wir einst gewesen sind?, fragt sich der serbische Dichter Zlatko Krasni in seinem Gedicht *Am Ring.* Genau, weil hüben und drüben Wörter fehlen.

„Why your friend speaks Slowenisch in Austria?", fragte mich eine junge Frau aus Maribor, als ich ihr von meinem Freund aus Klagenfurt erzählte. Sie kennt die Geschichte ihrer eigenen Heimat nicht.

„Ich träume von einem Europa, in dem Sprachräume und nicht Staaten Grenzen bestimmen", sagt mir Lojze in der Literatur-Lounge des Hotels Sandwirth in Klagenfurth, où existe un lycée slovène, das sowohl er als seine Tochter besucht haben. Unterricht in Deutsch, Slowenisch, Italienisch.

Seine Serie *Europa erlesen* ist eine literarische Perlenkette, die uns das gesamte literarische Europa vorstellt, von Dublin nach Budapest, von Helsinki bis Madrid.

8. Juli 2017

6. Oma Caroline und die Strategie. Fake-news en Alsace.

Die elsässische Tageszeitung *Dernières Nouvelles d'Alsace* verteilt täglich den Aufmacher des Tages als Werbung in eigener Sache. Ich staune nicht schlecht, comme l'ensemble des Alsaciens, lorsque je découvre folgende Meldung bei meiner Bäckerin Marie-Louise in Munster: „Non, l'Alsace ne sera pas abandonnée à l'Allemagne!"

Habe ich was verpasst? Wird das Elsass wieder deutsch? Mes voisins accrochent déjà le drapeau tricolore à la fenêtre pour protester! Sie kaufen wöchentlich bei *dm* ein, in Landau, Offenburg oder Freiburg, mais ils veulent rester français.

Enfin entdecke ich oben in der linken Ecke des Plakats zwei Wörter: Fake News. Ich atme auf. L'Alsace reste française!

Was ist passiert? Ein Abgeordneter des Europaparlaments, Namens Bernard Morot, autrefois membre du Rassemblement National (Marine Le Pen), heute Mitglied von „Debout la France", einer Schwesterpartei der Rechtsextremen, hat einfach die Falschmeldung auf YouTube verbreitet, en faisant référence à la rencontre de Angela et Emmanuel à Aix-la-Chapelle, am 22. Januar, wo beide den Elysée-Vertrag von Charles de Gaulle und Konrad Adenauer gewürdigt haben.

Il annonce même que l'allemand va devenir la langue administrative de l'Alsace. Was als Aprilscherz durchgehen würde, bleibt im Januar bitterer Ernst. Schon regen sich Elsässer auf, qui sont sensibles aux fausses nouvelles, die sich wie ein Lauffeuer verbreiten.

Allein die Tatsache, dass der Aufmacher der Zeitung sich auf eine Falschmeldung stützt, wenn auch um sie zu dementieren, démontre le danger de la Internet-Krake, qui empoisonne notre vie.

Fake News heißt bekanntlich Lügenpresse auf Deutsch, auf Französisch heißt es ab sofort Infox. In Wirklichkeit wollen die Elsässer, obwohl das Elsass in der Region Grand Est verschwunden ist, die Zusammenarbeit mit den Badenern, Pfälzern und Schweizern intensivieren. Die Strategie hat einen Namen: OR (Oberrhein/Rhin supérieur).

Un des buts majeurs ist die Zweisprachigkeit. „Innerhalb von 10 Jahren chaque enfant alsacien doit mindestens 300 deutsche Wörter beherrschen!", fordert Brigitte Klinkert, Présidente du Haut-Rhin.

Meine Oma Caroline macht sich schon darüber lustig. Hätten die Eltern den Kindern die Muttersprache Elsässerditsch beigebracht, würden alle heute schon fließend Deutsch sprechen.

26. Januar 2019

7. Die Verwirrungen der Grenzsteine. CNN et l'Alsace.

Vor Kurzem zeigte der Fernsehsender CNN eine Frankreichkarte ohne das Elsass, was die Franzosen in Paris sehr belustigte, obwohl sie bekanntlich selbst keine Meister der Geographie sind. So verwechseln selbst die Präsidenten oft die Slowakei und Slowenien. François Hollande erfand sogar un nouveau pays: La Macédonie statt la Macédoine (Mazedonien). Das département d'Outre-Mer la Guyanne, Grenze zu Brasilien, taufte Macron als Insel.

Personne ne sait qui est à l'origine de l'erreur de la CNN, aber ich habe so eine Idee.

Der Col de la Schlucht, 1139 Meter, ist der höchstgelegene Pass der Vogesen. Touristen aus der Pfalz kennen ihn alle, sei es von Elsassbesuchen in meinem heimatlichen Münstertal oder grâce au Tour de France à la télévision, dont les Velohelden escaladent régulièrement le col, von dem aus Schwarzwald und Berner Alpen zu sehen sind.

Die Passhöhe wurde kürzlich umgestaltet. In der Mitte steht aber noch ein Granitstein, mit einem F Richtung Paris und einem D Richtung Deutschland. Ceci en souvenir de la frontière entre l'Alsace et La France zwischen 1871-1918. Als Tourist haben Sie lors d'une promenade auf dem Vogesenkamm, sicher schon Grenzsteine gesehen, die übrig geblieben sind, mit einem D nach Osten und einem F nach Westen.

Heute leben wir in Friedenszeiten, mais il est toujours bon de rappeler l'histoire de nos deux pays grâce à des symboles. Vielleicht hat der Reporter von CNN eben diese Grenzsteine gesehen und hat daraufhin eine alte Karte aus seinem Archiv benutzt.

Der deutsche Kaiser besuchte den Schlucht-Pass vor dem Ersten Weltkrieg. Auch Adolf Hitler war da, im Juni 1940. Und Georges Simenon, l'auteur de 200 romans policiers mit dem berühmten commissaire Maigret. Der Roman *Gasthaus im Elsass* spiel am Col. Monsieur Serge logiert im Relais d'Alsace, heute Hotel-Restaurant du Chalet. Betagte holländische Touristen, la famille Van de Laer, vermissen ihren Schmuck. Ils sont convaincus que monsieur Serge est l'auteur du vol. Plötzlich verschwindet er et la police découvre qu'il s'agit d'un escroc international. In Wirklichkeit hat es eine Verwechslung gegeben, denn monsieur Serge taucht wieder auf. Tout est bien qui finit bien. Ende gut alles gu. CNN va corriger sa Landkarte.

19. Oktober 2019

IV. Die Sprache als Schlüssel – La langue ouvre les portes.

1. Die Sprache als Schlüssel. La langue est la clé.

„Die Sprache ist der Schlüssel zur Kultur", avait l'habitude d'écrire Frédéric Mistral, französischer Literaturnobelpreisträger, cuvée 1904. Er schrieb auf Provenzalisch, der südfranzösischen Variante der langue de Racine et de Molière.

La langue nous permet nicht nur uns selbst zu entdecken, elle nous permet également fremde Menschen und Kulturen zu verstehen. Apprendre une langue étrangère gleicht einer Entdeckungsreise. Dazu brauchen wir den jeweiligen Schlüssel, cette clé peut être anglaise, française, chinoise ou espagnole. A vous de choisir. Wie Umberto Eco sagt: „Jede Sprache ist die schönste der Welt."

Jeder hat einen Hausschlüssel, une langue maternelle, offerte par sa mère. Wenn wir uns die Mühe geben d'apprendre une autre langue, nous recevrons une nouvelle clé, die uns erlaubt, in eine neue Kultur einzudringen. Je größer der Schlüsselbund, desto reicher notre expérience de la vie.

L'image de la clé qui ouvre la porte d'une nouvelle culture ist zutreffend, denn eine neue Sprache besteht nicht nur aus einem dictionnaire. Les mots de la nouvelle langue sont autant de clés, um die Seele von fremden Menschen zu öffnen. Lorsque nous changeons de langue, verändern sich auch unsere Augen, nos muscles se tendent différemment, unser Dasein entfaltet sich anders, notre cœur bat à un nouveau rythme.

Aus der Fremdsprache wird eine Freundessprache, der Fremde wird zum Freund. Beaucoup d'entre nous ont peur eine neue Sprache zu lernen.

„Ich verstehe Französisch, aber ich habe Angst mich zu blamieren", est une affirmation classique, die wie ein Bremsklotz wirkt. Aber wenn wir den Mut aufbringen, in eine fremde Sprache zu schlüpfen, nous ferons aussitôt connaissance avec un nouvel ami.

Ich warte auf den Tag, an dem le Chancelier et le Président einen deutsch-französischen Schlüsselbund besitzen werden.

14. Februar 2003

2. Sprich bitte Deutsch. Mireille Matthieu et Michael Schumacher.

Millionen von Zuschauern erlebten en direct à la télévision française die Liebeserklärung von Mireille Matthieu an Michael Schumacher. Der Weltmeister était l'invité de l'émission „Vivement dimanche", einer Fernsehsendung, bei der toute la France zusieht. Auch Alain Delon, der récemment vom Mafiosi zum Polizisten gewandelten Filmstar, et le rock-oldie Johnny Halliday, waren dabei.

Ils ont parlé en anglais. Mike, so nennt sich Schumacher en France, wurde als Autogott gehuldigt. Je me suis un peu énervé parce que tous parlaient anglais, surtout Mike, als ob er sich schämte, Michael genannt zu werden, donc à passer pour un Allemand.

Soudain Mireille Matthieu fit une entrée époustouflante ins Studio: „Ich freue mich sehr, dich wiederzusehen", s'exclama la chanteuse dans la langue de Goethe. „Ich auch!", répondit enfin Michael en allemand.

La Française poursuivit son offensive de charme: „Mit wieviel Jahren bist du schon Kart gefahren, ich möchte wissen, ob dein Sohn, der heute vier ist, auch schon träumt Rennfahrer zu werden?", demanda Mireille toujours en allemand. „Nein, er will Cowboy werden", expliqua Mike Michael Schumacher.

Comme personne ne parlait allemand dans le studio et que l'interprète anglais-français stumm blieb, übernahm Mireille kurzerhand la traduction.

La Française offrit son plus large sourire à Michael: „Schau mich bitte an, Michael, schau mich an, Du weißt es ja, ich kann dir nicht wiederstehen" et enchaîna avec „La vie en rose" von Edith Piaf.

Mike Michael Schumacher qui faisait déjà du Kurventraining dans le ventre de sa mère, senkte seine Augen comme un petit garçon.

Cher Michael, je t'en supplie, schäme dich nicht de parler allemand à la télévision française. Das sage ich dir, Martin Graff, Alsacien et Français.

5. März 2004

3. Zweisprachige Ziegel. Un toit bilingue.

Wie wird man zweisprachig? Je me pose jeden Tag die Frage. Es gibt natürlich des réponses simples. Les parents sind zweisprachig. Ich habe Deutsch und Französisch in der école maternelle gelernt. Les langues interessieren mich. Aber pourquoi j'adore encore heute de jouer avec les langues ? Naturellement dank meiner deutschen Schriftsteller-Freunde comme Arnfrid Astel oder Otto Jägersberg.

Aber meine eigene Antworten ne m'ont jamais befriedigt. Es muss noch etwas anderes geben, un événement, das ich vergessen habe. Sollte ich un psychana-lyste aufsuchen? Vielleicht hat mir ma mère, als ich klein war, wirklich Kopf-hörer sur le ventre gedrückt und deutsche und französische Lieder eingespielt, que j'ai aufgesaugt im Unterbewussten und später herausgespuckt lorsque je suis sorti de son ventre.

Puis soudain: die Offenbarung. Il y a quelques mois, ich döste in der Badewanne. Mein Blick schweifte über die Ziegel du Vordach, grâce à une nouvelle fenêtre. „Gilardoni frères. Altkirch. Alsace", war auf dem einen Ziegel zu lesen. „Egisheim. Elsass" sur l'autre tuile. Beim genaueren Hinschauen, stellte ich fest que l'ensemble du toit zweisprachig ist. Les tuiles stammen sowohl aus der deut-schen als auch der französischen Zeitrechnung en Alsace.

Da ging mir ein Licht auf. J'ai grandi unter einem zweisprachigen Dach. Also sind die Ziegel responsables für meinen deutsch-französischen Gedanken-schmuggel. Inconsciemment schützen mich les deux langues. Sie bilden et forment encore aujourd'hui le toit unter dem ich lebe.

Ich habe meine Erkenntnisse sofort Freunden mitgeteilt. Die haben mich glatt ausgelacht. „Martin, bitte, ein guter Witz, mais c'est impossible!" „Impossible n'est pas français", habe ich geantwortet. Hat Michel de Montaigne nicht geschrieben que le climat influence das Gemüt der Menschen? Unsere Umge-bung beeinflusst ebenfalls notre vie quotidienne. Wieso sollten Ziegel nicht notre âme beseelen, pour employer une expression du philosophe Peter Sloterdjik.

Also los, si vous construisez une maison, decken Sie das Dach mit zweisprachi-gen Ziegeln.

6. September 2008

4. Herz gewinnt, Herz verliert. Le vertige des langues.

Die mysteriöse Botschaft der Herzen ist auf allen Litfasssäulen de la capitale européenne zu lesen. Je m'approche und entdecke vier lachende Gesichter qui m'annoncent qu'ils chanteront au Zénith de Strasbourg (die neue Halle mit 10.000 Plätzen) am 13. Oktober um 20 Uhr.

„Kastelruther Spatzen" nennen sich die Volkssänger qui se ressemblent tous. Irgendwie ist immer eine Lederhose im Spiel, bien que le look der deutschen Volkssänger s'est modernisé. Nos chanteurs français n'ont pas réalisé une mutation identique.

Les „Kastelruther Spatzen" nous annoncent das Beste aus 25 Jahren live und die Hits aus dem neuen Album. L'affiche meldet que les chanteurs aus dem Südtirol kommen. Mes oreilles se dressent. Südtirol? Noch so eine grenzüberschreitende Region wie das Elsass.

Die Werbung vom Zénith explique: „Etonnant! Les Kastelruther Spatzen ont réussi le tour de force d'organiser dans leur petit village de Kastelruth – Castelrotto en italien – dans les Dolomites un festival populaire au milieu des champs." Daraus wird nicht klar, was étonnant – überraschend – ist. Dass sie Deutsch in Italien singen, comme si un groupe allemand organisait ein Chanson-Festival en français in Hinterzarten?

L'information principale manque: le Tirol du Sud praktiziert die Zweisprachigkeit im Alltag. Anna, deutschsprachig, die mich informiert, muss auch Italienisch beherrschen. Die Webseite meldet: Gemeinde Kastelruth/Commune di Castelrotto/Chemun de Castel. La troisième Bezeichnung est en ladin, un dialecte qui ressemble à la quatrième langue officielle suisse, Rätoromanisch.

Pour l'histoire. Die Südtiroler sind die einzigen „Volksdeutschen" que Hitler n'a pas voulu einverleiben ins Reich. A cause de son cousinage politique avec Mussolini. Im Gegensatz zu den Elsässern durften sie wählen: Heim ins Reich ou rester citoyen italien du Südtirol. Noch weniger bekannt ist que Himmler, le grand spécialiste de l'épuration ethnique, daran dachte, die Südtiroler, qui optèrent pour le Reich, au choix in Burgund, in den polnischen Beskiden oder auf der Krim anzusiedeln.

Aujourd'hui tout le monde s'en fout, die deutschen Skifahrer auf der Seiser Alm (Gemeinde Kasteruth) und die Elsässer amoureux de la Volksmusik.

3. Januar 2009

5. Ein Lob der Poésie. Vive les poètes.

J'ai appris l'allemand grâce à la poésie. Mein Lehrer heißt Arnfrid Astel. Seine Gedichte erlaubten mir, Gedanken zu bauen comme la maison idéale de mes rêves. Les mots d'une poésie durchboren die Phantasie comme une flèche qui transperce les doutes. Auf der Buchmesse saß Astel bescheiden, mais l'œil vif, dans un de ces stands miniatures, die wie Epigramme aussehen.

Chez lui zu Hause in Saarbrücken klebte er sogar Gedichte au plafond. Les poèmes flatterten à travers son appartement wie Schmetterlinge. Même en lavant la vaisselle riskierte man, Gedichte zu vernichten. Eine gefährliche Wohnung. Arnfrid teilte mir mit, que ses poèmes ont été mis en ligne, im Internet zu lesen sind.

Parfois, quand je suis fatigué, je clique au hasard: www.zikaden.de

Das Glück / galoppiert mir / aus den Ohren heraus / als hätte ich Sprudel getrunken.

Les mots du poème rutschen über meine Haut, als ob ich nackt zwischen Schneeflocken stehe. Je les laisse glisser sur ma peau. Parfois il suffit de lire un poème par jour um in Form zu bleiben. Zwei sind schon zuviel. Der Geist regeneriert sofort. Schon sieht die Welt anders aus.

La poésie devrait être obligatoire, pour plagier Karl Valentin qui parlait de théâtre obligatoire. Ich weiß, – obligatoire –, la poésie ne serait plus poésie, mais prison.

Alain Lance, poète français de renom in *Brefs du vingtième siècle*.

En mille neuf cent quatre-vingt douze / Arnfrid Astel disait / qu'écrire après Auschwitz / c'est envoyer des cartes postales / à ceux qu'on a massacrés là-bas / et ce sont leurs ombres / qui nous dictent le texte.

Neunzehnhundertzweiundneunzig / sagte Arnfrid Astel / nach Auschwitz zu schreiben / heißt Postkarten schreiben an jene / die man dort ermordet hat / und ihre Schatten seien es / die uns die Texte diktieren.

Poesie war schon immer auch hohe Politik.

15. Januar 2011

6. Die deutsche Kauf-Verführung. La séduction à l'allemande.

Jeder Franzose d'un certain âge erinnert sich an die Kriegsfilme im Fernsehen. Die Offiziere der Wehrmacht sprachen jambon „schambonn" aus. Der Akzent war schwerfällig. Wenn man Deutsch hörte in den Filmen, dann war es sous la forme de gebellten Wortfetzen, Befehle: Raus! Rein! Jawohl! Feuer! Die Ausstrahlungen der Derrick-Tatorte entspannte die Situation, bis seine Mitgliedschaft bei der SS publik wurde.

Arte veränderte definitiv das Hörgefühl. Les Français entendent depuis 20 ans d'autres accents allemands, weniger brutal. Kein Wunder also, dass clevere deutsche Werbemanager auf die Idee kamen, de faire passer en France des messages publicitaires directement auf Deutsch. Un constructeur de voitures allemandes a imaginé ein Auto mit jungen Deutschen, die Deutsch sprechen, vorzustellen.

J'ai capté le dialogue sur une chaîne de télévision : „Das ist das neue ... ein Familienauto deutscher Qualität / das praktische Türkonzept / eine deutsche Erfindung / die clevere Ablage / das geniale Sitzsystem / eine deutsche Technologie / eine deutsche Idee / passt für die Familie, dann, erst auf Französisch: „Pas besoin de parler allemand pour comprendre que cette voiture est une vraie voiture allemande." Der Preis wird natürlich auf Französisch nachgelegt. „A partir de ..." Schließlich noch ein subtiles Wortspiel: „Wir leben Autos", statt „wir lieben Autos."

Karl Lagerfeld hat die Wende psychologisch vorbereitet, obwohl sein Akzent an die Kriegsfilme erinnert. Aber seine skurrile Erscheinung fait oublier la guerre. Inzwischen dekoriert sein Konterfei sogar un dictionnaire de français. Daniel Cohn-Bendit entspannte weiter die Situation, mais lui, im Gegensatz zu Lagerfeld spricht akzentfrei Französisch. Nicht von ungefähr sind beide Showmenschen. Das brauchten die Franzosen pour oublier le passé guerrier unserer Beziehungen.

Il y a un petit truc dans la Werbung. Zwischen die deutschen Sätze schiebt man ein Wort auf Englisch: comme door, space oder floor. Avec l'aide de l'image le message passe.

Es handelt sich um eine Premiere. Und da wollen die Elsässer den Deutschunterricht reduzieren. Décidemment les Alsaciens sont toujours en retard d'une guerre.

27. August 2011

7. Sophie und Isabelle. C'est la vie.

Zwischen 7 und 9 Uhr morgens höre ich France Inter, la radio publique. Gute Information, obwohl Nicolas Sarkozy sich gerne einmischt, um unbequeme Kommentatoren wegzufegen.

Noch halb im Schlaf je suis surpris par une voix féminine, die auf Alemannisch singt. Also meine Muttersprache. Ma langue maternelle est l'alsacien, eine alemannische Variante. Die Frau chante en suisse-allemand, uff Schwyzerdütsch. L'alsacien se nomme Elsässerditsch. Wir verstehen uns untereinander.

„I mim letschte Troum verlore wo sich einfach immer gliecht – Verloren in meinem letzten Traum, der sich einfach immer gleicht / *Lueg, mir isch schwindlig aber schwindlig bini nid* – Schau mir ist schwindlig, dennoch bin ich schwindelfrei / *Chum und bring mi bald ins Wanke* – Komm und bringe mich bald ins Wanken / *I bi sicher I chönt o chli tanze, wenn Du mi bruchsch derfür* – Ich bin sicher, ich könnte gleich mit dir tanzen, wenn Du mich dafür brauchst / *Chum oder ghöri mi ächt nur sälber?* – Komm oder höre ich mich nur selber?"

Der Moderator schwärmt: „Qu'elle voix extraordinaire, quelle langue magnifique, sensible et sensuelle ..." Die Superlative überbieten sich, pourtant Sophie Hunger chante en suisse-allemand: „Z'lied von d'r Freiheitsstatue."

Sophie est la chanteuse suisse la plus connue au monde, um die 30. Isabelle Grussenmeyer, auch um die 30, chante merveilleusement en alsacien, donc dans la même langue que Sophie. Aber nie wird der Pariser Moderator auf die Idee kommen de diffuser ses chansons, pourtant la voix d'Isabelle est aussi belle que la voix de Sophie. Mais elle est alsacienne, donc trop allemande, parfois même boche.

Das Chanson von Isabelle: „Kener isch Prophet en sinem Land" – Personne n'est prophète dans son propre pays, bestätigt mon analyse.

„Siesch der Kenschtler spielt und singt, dert uf'm Platz – Schau der Künstler singt und spielt und singt dort auf dem Platz / *Traimt er hätt a scheeni Bühn, fer siner Satz* – er träumt , dass er für seinen Satz eine schöne Bühne hat / *Will er lawa mit sinem Lied, dann müess er furt* – Wenn er leben will von seinem Lied, dann muss er fort / *Üs'm Landel bringt sini Kuntsch kê Frucht* – Nur außerhalb der Heimat trägt seine Kunst Früchte."

C'est la vie.

3. November 2012

9. J'ai soif. Verdursten auf Elsässisch.

Im Altersheim des Foyer du Parc in Munster, im elsässischen Münstertal, vivent 80 personnes âgées, übersetzen Sie: Omas und Opas zwischen 75 und 100. A quelques exceptions près, sprechen sie noch Elsässisch, ihre Muttersprache. Zweimal im Jahr, la direction de l'établissement organise ein Familienfest. Das Personal est sur son 31, das heißt: die Arbeitskleider bleiben im Schrank. Das Personal kleidet sich festlich.

Das Essen, qui est toujours excellent, ist diesmal noch besser. Le repas commence avec une coupe de crémant. Unsere Senioren freuen sich. Betty, la directrice, hält eine kleine Rede auf Französisch et uniquement en français, bien que la langue maternelle des pensionnaires est l'alsacien. Ich frage sie: „Warum haben Sie nur auf Französisch gesprochen?" „Parce qu'ils comprennent tous le français", antwortet die Direktorin de la maison de retraite.

Alle verstehen Französisch, die Direktorin hat recht. Mais l'alsacien est leur langue maternelle, in der Muttersprache fühlen sie sich wohler. Ils ont parlé l'alsacien en famille, deshalb wäre es doch angebracht de souhaiter la bienvenue dans les deux langues, en alsacien et en français.

„Je ne me suis jamais posé la question", sagt Betty. In diesem Satz steckt l'histoire de l'Alsace. La jeune génération, dont la directrice (50) du Altersheim fait partie, stellt sich keine Fragen mehr. Die Direktorin ist nicht gegen den Dialekt. Elle est tout simplement passive, es ihr nicht bewusst, dass sie den Alten auch „sprachlich" Respekt zollen sollte.

Ein Besucher hört eine alte Frau schreien. Il demande à une jeune femme de chambre. „Que se passe-t-il ?" Sie antwortet: „Elle est dérangée." Sie ist nicht mehr klar im Kopf. Der Besucher geht ins Zimmer. „I ha Durscht!", schreit die alte Dame ununterbrochen. J'ai soif. Die junge Pflegerin spricht nicht Elsässisch.

Um solche unwürdigen Situationen zu vermeiden, hat Lehrer Yves Bisch eine CD veröffentlicht, destinée au personnel des maisons de retraites. Un livre Lexique, das man auf der Webseite du conseil général du Haut-Rhin, des Generalrates des Départements, herunterladen kann: www.Cg.68.fr.

29. März 2014

10. Der Spiegel der Sprache. Le miroir de la langue.

Die Hauptfrage est simple: wird unsere Sprache durch die Natur oder durch die Kultur beeinflusst? Beim normalen Menschenverstand la réponse semble favorable à la prééminence de la culture sur la nature. Aber was heißt schon der normale Menschenverstand?

Das Meer in *Ilias und Odyssee* ist nicht blau, sondern weindunkel. Pourquoi? Linguisten wie der spätere englische Premierminister Gladstone pensaient que le poète Homère souffrait de la cataracte, am Grauen Star. Gladstone nahm an, der Unterschied zwischen Homers Farbwortschatz und dem unserigen sei ein Ergebnis vorab existierender Unterschiede in der Farbwahrnehmung. Heute aber sieht es so aus, als könne das Farbvokabular in verschiedenen Sprachen die Ursache von Unterschieden in der Farbwahrnehmung sein.

„Weg von der Anatomie, hin zur Kultur", schreibt Guy Deutscher, né à Tel Aviv, professeur de linguistique à Oxford, dans son Opus *Im Spiegel der Sprache. Warum die Welt in anderen Sprachen anders aussieht* (C.H. Beck, 320 Seiten, 22,95 Euro)

„Bitte die Hand hoch, wenn jemand schon grünen Honig gesehen hat." Le professeur est imprudent. Keinen grünen, sondern blauen Honig haben französische Imker aus Savoyen zu sehen bekommen. Une visite chez le Augenarzt les a rassurés. Sie waren nicht sehkrank, mais le miel était bel et bien bleu.

Sie suchten verzweifelt nach Ursachen. Une fabrique de sirop war schuld. Chemikaliendämpfe hatten die Blumen der Gegend befruchtet. Die Kultur hatte die Natur besiegt.

Vor vielen Jahren dachten die Linguisten avec le drapeau de leur pays dans leur tête. Später la linguistique se démocratisa: „Alle Sprachen sind gleich komplex." Guy Deutscher relativise et démontre que la géographie, das grammatische Geschlecht oder eben das Farbvokabular für Überraschungen sorgen, ce que sent Herta Müller lorsqu'elle écrit: „In jeder Sprache sitzen andere Augen."

Si la tête vous tourne, zögern Sie nicht, lisez parallèlement *Johannissimo, Koch- und Backbuch aus der Protestantischen Gemeinde Landau-Horst*. La mousse au chocolat de Pfarrersfrau Christiane est excellente. Zutaten: 125 Gramm Butter, 200 Gramm Block- oder Edelbitter-Schokolade, 6 Eigelb, 6 Eiweiß, 150 Gramm Zucker, 1 Tasse Mokka – Vous mélangez le tout und sie sprechen fließend Deutsch und Französisch.

15. März 2014

11. Chinesisch aus dem Elsass. Racines chinoises.

Macron alias Ma-ke-lon heißt auf Chinesisch „le cheval qui dompte le dragon", das Pferd, das den Drachen besiegt. Monsieur le Président hat nicht umsonst dem chinesischen Kollegen Xi Jinping ein Pferd geschenkt, et pas n'importe quel cheval, sondern ein Pferd der „Garde républicaine", also sozusagen ein Hauspferd des Elysée-Palastes, das normalerweise den Präsidenten beim Hochamt des Wahlsieges durch Paris begleitet.

Prompt hat ihn der Kaiser des Reiches der Mitte mit Aufträgen überschüttet, darunter eine Airbusflotte, wobei die französischen Kollegen in der Mehrheit übersehen, dass der Airbus nicht von den Franzosen allein gebaut wird, mais qu'il s'agit d'un projet européen bei dem die Deutschen auch eine Rolle spielen.

Macron ist von China und den Chinesen überwältigt. Il a promis de revenir chaque année en Chine, wo seine Berater sich schon umschauen pour lui trouver une résidence secondaire. Einen Zweitwohnsitz in der Nähe der „Muraille de Chine" kommt in Frage.

Wie erwartet hat er zwei Wörter auf Chinesisch vom Blatt abgelesen, die er leider sofort vergessen hat. Lorsqu'un journaliste tricolore lui a demandé ein Tag später de les répéter, schaffte er es nicht.

Da war ich schwer enttäuscht, weil Emmanuel bekannt dafür ist, Dichter und Poeten grâce à son épouse Brigitte, professeur de lettres, am laufenden Band zu zitieren. Da hat Brigitte, die in China dank ihres Klamottenbaletts zum Superstar wurde, ausnahmsweise kläglich versagt.

Sie war Lehrerin im Elsass, sowohl im kleinen Dorf Truchtersheim als auch in Straßburg, im protestantischen Lycée Lucie Berger. En Alsace hat sie sicher mal was vom Dichter André Weckmann gehört, der den Elsässern die Wahlverwandtschaften vom Elsässischen zum Chinesischen mitgeteilt hat.

Dans son poème „chinesisch" heisst es:

schang dsunn schint schun lang / schang schint dsunn noch lang?

un wilang noch gets e Schang ? / wilang wilang?

Mit diesem elsässisch-chinesischen Gedicht hätte Xi Jinping hundertprozentig noch eine zweite, wenn nicht gar eine dritte Airbusflotte bestellt. Bildungslücken haben immer politische Konsequenzen. *Samentschin!* (Bon appétit auf Chinesisch).

12. Von Sprachen, die ausschwärmen. Le bouquet de langues.

Alle Jahre wieder. Ende Juni findet das Abi mit seinen vielen Varianten statt: littéraire, économique et social, scientifique, technologique. Eröffnet wird das Abi-Fest mit der Philosophie.

Das ganze Land kippt in einen philosophischen Rausch. Bis zu zwölf Möglichkeiten gibt es, um sich als Philosoph zu beweisen.

„Est-il possible d'échapper au temps?" „La morale est-elle la meilleure des politiques?" „La pluralité des cultures fait-elle obstacle à l'unité du genre humain?" Drei der zwölf Fragen.

Le dernier sujet passt zu unserer Zeit. „Bildet die Vielfalt der Kulturen ein Hindernis für die Einheit der Menschheit?"

Hätte auch wunderbar zu den Europawahlen gepasst. Da gibt es doch Politiker, qui prétendent, dass die Vielfalt der Kulturen im eigenen Land die Einheit des Landes gefährdet. Mais comment définir l'unité d'un pays? Durch die Landschaft? Durch die Tannen oder die Olivenbäume? Durch die Religion? Durch das politische System? Durch die Hautfarbe der Bürger? Durch die Sprache?

Jahrhundertelang haben wir uns Grenzen um die Ohren geschlagen comme s'il était possible d'échapper au temps autrement qu'en combattant son voisin en transformant nos différences en Stacheldraht.

„Aucun peuple ne connaît l'origine de son histoire", schreibt der Philologe Ernst Robert Curtius, im Elsass geboren.

Je trouve des réponses chez les poètes. Maria Haderlap (Ingeborg-Bachmann-Preisträgerin) aus dem österreichisch-slowenischen Grenzgebiet meldet sich in ihrem Band *Langer Transit* mit dem Gedicht *Träumende Sprache. Meine kleine Sprache träumt sich ein Land, in dem sie Wortnester baut, zum Ausschwärmen über die Grenzen, die nicht ihre eigenen sind ...*

Gibt es ein schöneres Bild: ausschwärmen über die Grenzen qui ne sont pas les nôtres. Se rappeler que nous sommes nés par hasard, genauso wie unser Nachbar aus der Ferne.

Meine Sprache will ungezügelt und groß sein, sie will die Ängste verlassen, die sie bevölkern, alle dunklen und hellen Geschichten ... erst wenn sie träumt, schwingt sie sich auf, federnd und leicht ...

22. Juni 2019

V.

Die Kanzlerin und die Präsidenten – La Chancelière et les Présidents.

V. Die Kanzlerin und die Präsidenten.
La Chancelière et les Présidents.

1. Angela mit Jacques Chirac. 2005-2007.

Madame la Chancelière.

Wie sollte der französische Präsident eine Kanzlerin der Bundesrepublik Deutschland ansprechen? Diese neue protokollarische Frage könnte sich demnächst stellen. Darf man madame la Chancelière sagen? Comment va réagir die französische Sprachpolizei, auch Académie française genannt.

La rumeur circule que le chancelier n'a pas d'équivalent weiblich dans la langue de Molière. Ich darf als Gedankenschmuggler mes amis allemands beruhigen. Es stimmt nicht. Allerdings nur als Frau des Kanzlers, comme femme du chancelier. In Frankreich ist der Kanzler der Hüter des königlichen Siegels. Aujourd'hui on parle aussi du chancelier des universités. Die Sinnverschiebung sollte dennoch stattfinden können. Jacques Chirac könnte sans difficulté grammaticale particulière Angela Merkel als Madame la Chancelière ansprechen.

La féminisation du mot ministre war komplizierter. Man kann zwar en français nicht „Ministerin" sagen, comme en allemand. On va donc s'adresser, au choix, à madame le ministre ou madame la ministre.

Das Wort chancelière hat noch eine weitere Bedeutung im Französischen: „sac ouvert, fourré à l'intérieur et servant à tenir les pieds au chaud." Es handelt sich um eine offene Tasche, innen gefüttert, um die Füße warm zu halten. Da liegt es natürlich auf der Hand, dass Monsieur le Président de la République der möglichen Kanzlerin an Weihnachten eine „chancelière" schenkt. Un cadeau d'un usage pratique évident lorsque la Kanzlerin méditera sur l'avenir du monde im Kanzleramt.

Da könnte Angie sogar Heizungskosten sparen. Jacques sollte sich nur über das Futter Gedanken machen. Nerz sera considéré comme une provocation en Allemagne. Fuchs auch, vielleicht könnte ein schlichtes Hasenfell également faire l'affaire. Encore qu'il existe certainement des Öko-fondamentalistes allemands qui vont crier au scandale pour une modeste peau de lapin. Rien n'est simple.

26. September 2005

V.

Die Kanzlerin und die Präsidenten – La Chancelière et les Présidents.

Küsschen, Küsschen!

Die Entwicklung des Kusses zwischen Franzosen und Deutschen fait l'objet d'une étude permanente du modeste Gedankenschmuggler que je suis. Une fois de plus tout a commencé mit Charles de Gaulle und Konrad Adenauer, als Charles ohne zu warnen Konrad umarmte und küsste. „Adenauer war sprachlos", kommentierte Theo Sommer in der „ZEIT".

Wie oft soll man sich küssen? Qui commence? Les questions fondamentales sont connues. Je répète la leçon. Wenn sich Abgeordnete zum ersten Mal treffen, ist der Zweierkuss angebracht. Der Viererkuss signalera lors de rencontres ultérieures une amitié naissante. Quant au Dreierkuss, je ne cesse de prévenir les députés sur son ambivalence, da man eine erotische Herausforderung aus dem baiser à trois temps herauslesen kann.

L'arrivée d'Angela Merkel au pouvoir risque de tout changer. Ich stelle fest, dass Jacques Chirac sich rasend entwickelt und befürchte einen Ausrutscher.

Beim ersten Treffen gab es pour Angela un baisemain, also einen Handkuss. Lors de la dernière rencontre de Jacques avec Angela, in Paris, en présence de Wladimir, le Président français a franchi une nouvelle étape. Bei der Ankunft der Kanzlerin erlaubte sich Jacques den schon üblichen Handkuss, setzte aber einen drauf mit dem Zweierkuss, der Angela visiblement verzauberte. Après la réunion, Jacques se sépara d'Angela avec un nouveau baisemain, un Zweierkuss et hop, juste avant qu'elle ne disparaisse dans la limousine, encore un Handkuss.

J'ai surtout peur d'une chose, dass ein Berater ihm vom baiser à la russe erzählt, de bouche à bouche, le Mundkuss, bien connu au pays de Wladimir. Ich darf gar nicht an die Konsequenzen denken: Handkuss, Zweierkuss, Dreierkuss, Mundkuss. Alte Männer haben sich bekanntlich nicht immer im Griff …

Pire encore, les députés français imitent leur Président und beginnen, die deutschen Abgeordneten kreuz und quer auf den Mund zu küssen! Ensuite les députés sont imités par les citoyens et embrassent sur la bouche la première femme allemande, die ihnen über den Weg läuft! La bataille … du Kuss est inévitable.

29. September 2006

V.

Die Kanzlerin und die Präsidenten – La Chancelière et les Présidents.

2. Angela mit Nicolas Sarkozy. 2007-2012.

Caprices à la Sarko. Je t'aime moi non plus.

Madame Angela Merkel muss es schwindlig werden lorsqu'elle pense à Nicolas Sarkozy. „Elle ne sait plus à quel saint se vouer", sagt man auf Französisch. Wörtlich: Sie weiß nicht mehr, an welchen Heiligen sie sich wenden soll, um ihn zu verstehen. Nicolas lui donne le vertige.

Zunächst sickern seine Bemerkungen durch über die Frau aus dem Osten qu'il ne comprend pas. Dann übertreibt er wieder, comme kürzlich à Berlin, et lui promet une amitié éternelle. Er ist plötzlich so überschwänglich, dass Professor Sauer, le mari de la Chancelière, befürchten muss, dass Nicolas seine Frau glatt pour un week-end nach Schloss Neuschwanstein entführen und Carla nach Italien zurückschicken könnte.

Aber wir kennen unseren Nicolas. Er spielt gern mit unseren Nerven. Il y a quelques semaines il a mis l'intelligence de Zapatero, le premier ministre espagnol, en doute. Drei Tage später hat er den Spanier als Kumpel vor den Kameras gehätschelt en demandant où est le problème?

Ich denke que le problème Nicolas selbst ist. Er trinkt weder Bier, noch Wein, noch Schnaps. Pourtant un bon verre de rouge könnte ihm nicht schaden pour éviter de dire et de faire dans la seconde son contraire ohne es selbst zu merken.

Dennoch hat mich sein Europaauftritt in Berlin gefreut. „La France vous aime, la France vous admire, la France est votre amie!", hat er posaunt und die CDU-Jugend zurecht begeistert. „La France ne vous craint pas, elle veut vous ressembler dans l'excellence!" Ich staune immer wieder. Même ses amis politiques parisiens trouvent qu'il en fait trop. Plötzlich steht die deutsch-französische Freundschaft wieder im Mittelpunkt. Quelques jours auparavant c'était l'Espagne et l'Angleterre, l'Italie aussi. Heute ist es Deutschland. Die Schweiz oder Litauen sind auch bald dran.

Mais la fameuse amitié franco-allemande reste un Muss. La fascination à l'égard de l'Allemagne revient et le Président qui sait tout, gibt sich wieder bescheiden, will das Beste von Deutschland übernehmen.

Bald wird er Albert Schweitzer zitieren, qui affirmait déjà il y a un siècle qu'il fallait unir nos talents, um die beste Orgel zu bauen.

Mai 2009

V.

Die Kanzlerin und die Präsidenten – La Chancelière et les Présidents.

Madame la Présidente de la France: Angela Merkel.

Immer wieder erwähne ich die fascination de la France pour l'Allemagne. Die Deutschen können alles besser. Neulich j'ai même ironisé sur le partage des Aufgaben: la France comme Freizeitpark et l'Allemagne comme Arbeitspark mit Rust et son Europapark comme capitale de l'Europe.

„Comme l'Allemagne", heisst es in jeder Talk-Show. Dominique de Villepin, ex-premier ministre, sprach schon vor Jahren d'un nouveau pays: France-allemagne. Natürlich dachte er dabei, dass Versailles die geistige und politische Führung übernehmen würde. Hin und wieder certains ministres participent au conseil des ministres français ou allemand. L'amitié franco-allemande est sacrée. J'ai moi-même proposé plus d'une fois qu'Angela passe quelques mois à Paris und dass Nicolas länger in Berlin wohnt, um sie besser zu verstehen.

Aber am 1. November 2011 haben mich die Humoristen des Privat-Senders Canal Plus glatt überholt. „Les guignols" ist die französische Muppetschow, qui analyse l'évolution du monde avec un humour décapant. Sie haben um 20 Uhr eine Ansprache de „la Présidente" de la République angekündigt. Elysée-Palast im Hintergrund, la Marseillaise pour chauffer les esprits, Europaflagge, drapeau tricolore. Frau Merkel erscheint auf dem Bildschirm mit einer bleu-blanc-rouge Schärpe. „Madame la Présidente de la République Française" als Bauchbinde.

Madame la Présidente sagt uns wo es hin geht. Elle va règler nos problèmes. Nous devons lui faire confiance. Es folgen Bilder à la frontière franco-allemande. Sarkozy und seine ministres agitent un drapeau allemand und beglückwünschen die deutschen Panzer, die vorbeisausen en direction de Paris. Natürlich bekommen wir quelques images de soldats allemands se promenant à Paris au bras de jeunes françaises entre 1940 et 1944 zu sehen.

Ich bin mir nicht sicher que Nicolas montre le film à Angela lors de la prochaine rencontre. Humor ist wunderbar et nous permet de surmonter les obstacles. Mais là j'ai franchement peur que mon pays capitule psychologiquement devant l'Allemagne. Wobei Nicolas sich keine Sorgen machen sollte. Babyboom in Frankreich, Opaboom in Deutschland. Les statisticiens sont formels. Les Allemands vont disparaître plus vite als die Franzosen.

5. November 2011

V.

Die Kanzlerin und die Präsidenten – La Chancelière et les Présidents.

Urlaub à la Merkel. Les vacances autrement.

Der französische Journalist Jean-Paul Picaper sollte eigentlich Steffen Seibert als porte-parole du gouvernerment allemand ersetzen. Er hat sich in seinem neuen Buch eindeutig comme hagiographe de madame la Chancelière geoutet. Angela macht alles besser, und das Buch heisst selbstverständlich *Angela Merkel: la femme la plus puissante du monde*.

Angela: das Modell für die Mächtigen dieser Welt. Eines hat der Autor übersehen. Sogar der Urlaub de madame Merkel hat eine bessere Qualität que celui de ses partenaires français. Im Augenblick werden Premier François Fillon und Michèle Alliot-Marie, Außenministerin, täglich von der Presse schikaniert, weil der eine seinen Weihnachtsurlaub in Ägypten verbracht hat und die andere in Tunesien. La ministre des affaires étrangères benutzte ein Flugzeug von einem Freund von Ben Ali, l'ancien Président de la Tunisie, qui passe actuellement ses vacances en Arabie Saoudite. Monsieur le premier ministre benutzte vor Ort, par simple politesse, un avion de Husni Mubarak, le Président égyptien.

Jeder Mensch wusste schon um die Jahreswende, dass es in Tunesien und Ägypten brodelte, aber die Magie der Wüste und der Pharaonen a été plus forte que la prudence politique la plus élémentaire. Plötzlich die Botschaft im Radio: „Madame Merkel a passé ses vacances au Tirol avec sous un bras celui de son mari Joachim et sous l'autre la biographie de Staline!" Also Frau Merkel bleibt im Urlaub brav in den österreichischen Bergen, allein mit ihrem Mann und mit der Biographie des russischen Imperators. Sie verzichtet auf Paläste und auf die Flotte der Diktatoren, die ihr Volk einsperren statt es zu ernähren.

Les vacances magiques in der Sonne Nord-Afrikas gehören zum savoir-vivre der französischen Politiker. Links oder rechts, alle haben l'hospitalité der jeweiligen Herrscher genossen. Viele Politiker und auch Intellektuelle haben sogar ihren Zweitwohnsitz in Marokko, wie zum Beispiel der Weltphilosoph Bernard-Henri Lévy. Tunesien gilt als Eldorado der afrikanischen Frauen parce qu'elles ont le droit de se mettre au volant d'un autocar. François Mitterrand verbrachte regelmässig seinen Urlaub à l'ombre des Pyramides chez son ami Husni Mubarak, membre de l'internationale socialiste.

12. Februar 2011

V.

Die Kanzlerin und die Präsidenten – La Chancelière et les Présidents.

Abschied von der Leichtigkeit des Seins. L'angoisse des Français.

Ich habe mich noch nie durch die „Weltumfragen" beeindrucken lassen, schon gar nicht, wenn Begriffe wie Glück oder Optimismus bewertet werden. Qui est capable de juger les Gefühle des mille peuples qui composent la Weltbevölkerung. Wer kennt ihre Sprachen? Certainement pas die intellektuellen Dünnbrettbohrer que sont les sondeurs.

Mais les hommes politiques glauben gerne an die Hexenmeister des sondages, also der Umfragen. Wir Franzosen sollen laut enquêtes d'opinions unsere legendäre légèreté verloren haben. Nous ne croyons plus en nous-même. Wir schlucken Pillen wie Bonbons, um uns zu beruhigen. Nous nous réveillons la nuit, schweißgebadet: „Que devient la France?" Ja, wir sollen le peuple le plus anxiogène de la planète sein, das Volk, das die Hitparade der Pessimisten anführt.

Wie ist so etwas möglich, sind doch unsere livres d'histoire mit Sonnenkönigen dekoriert? Der Alte Fritz, dont les Allemands fêtent cette semaine le 300 ème anniversaire, hat doch nichts mit Louis XIV zu tun, auch wenn er sein Testament auf Französisch verfasst hat, grâce aux cours de français gratuits que lui administra Voltaire au château de Sanssouci à Postdam.

Avant les fêtes de Noël liebäugelte Nicolas noch mit dem Gedanken, sich am 6. Mai 2012 in Reims als Kaiser krönen zu lassen, en souvenir de Charles de Gaulle et Konrad Adenauer, die sich 1962 im Gotteshaus ewige Liebe versprochen hatten. Gleichzeitig wollte er Tochter Guilia taufen lassen. Angela avait déjà accepté de devenir la marraine de la petite. Mais il a vite compris que c'était impossible.

Jetzt hat er im fernen Guyana, à la frontière du Brésil, den Journalisten seinen Politspleen gebeichtet. Die schwüle Luft pumpte ihm die Träume aus dem Kopf. Er kann sich sogar vorstellen, nicht mehr Präsident zu sein.

Kaum zu Hause zurück erfährt er, dass 82% der Franzosen une bonne image des Allemands haben. Sogar 62% finden das deutsche Modell besser als das französische. „Je vais aménager pour Angela une chambre à l'Elysée avec le lit de Marie-Antoinette, ainsi elle pourra travailler et dormir sur place", hat er zu Carla gesagt.

28. Januar 2012

V.

Die Kanzlerin und die Präsidenten – La Chancelière et les Présidents.

3. Angela mit François Hollande. 2012-2017.

Geistiges Grenzgängertum. Merkel out of body?

„Qui est vraiment Madame Merkel?", fragen sich die Franzosen. Aber kennen die Deutschen Angela? Wenn man nüchtern darüber nachdenkt, ist es nicht fassbar, qu'elle soit devenue Chancelière, nach einem ersten Leben in der DDR. Il y a un mystère Merkel. Sie kommt aus einem politischen Jenseits. Natürlich war die DDR auch Deutschland, mais une autre Allemagne. Son passé en a fait une personnalité politique différente. Der Bürger spürt es, ohne es erklären zu können. Auch die Politiker aus dem Westen werden von Angela verführt.

Les Français ont fait une expérience analogue avec Nicolas Sarkozy, mit Vorfahren aus der Mongolei. Er war einfach différent, bien qu'il soit né en France. Gut, die Wähler haben sich nur einmal verführen lassen. Il a raté sa Wiederwahl. Chez Angela la mutation a été plus subtile.

Angela est à la fois le sujet et l'objet d'une geistigen Transsubstantiation. Sie hat eine Wesensverwandlung mitgemacht, comme de nombreux Grenzgänger. Ihre Partner ne le remarquent pas, weil sie die Sprache nach der Wende nicht wechseln musste. Sie glitt scheinbar mühelos in die neue Bundesrepublik Deutschland. Angela übt eine kulturelle Hypnose aus, die politische Auswirkungen hat. Das Phänomen wird auch von den Wahlexperten nicht verstanden. Ils réduisent le Phänomen Merkel à un problème de caractère. Tout faux. La réunification a des ressorts secrets, die noch nicht erforscht wurden.

Unser Hirn besteht aus Schwingungen, die unsere Umwelt aufgreifen. Ces ondes sont assimilées par notre Dasein qui fonctionne comme un moteur métaphysique. Lorsque Angela se promène auf dem politischen Parkett, ist sie stets in ein unsichtbares Karma gehüllt, das den Partner permanent verunsichert, ohne dass er weiß warum.

Am Tag nach seiner Wahl am 7. Mai 2012, wollte François Hollande nach Berlin fliegen, um Angela zu seiner Europapolitik zu bekehren: Frankreich first. Aber Angela schickte einen Blitz ins Flugzeug. Der Franzose musste umkehren. Als er endlich en retard die Spree erreichte, war er kraftlos und konnte nur noch wie üblich die deutsch-französischen Beziehungen loben.

21. September 2013

V.

Die Kanzlerin und die Präsidenten – La Chancelière et les Présidents.

Privatleben? Unmöglich. Vie privée impossible.

Als François Hollande am 31. Dezember 2013 seine Neujahrsansprache um 20 Uhr hielt, personne n'était au courant, sauf les bodygards, dass er eine Liebebeziehung mit der Schauspielerin Julie Gayet pflegte. Ein paar Tage später lüftete das Klatschblatt Closer le secret. Die Klatschlawine rollte sofort um den Erdball et la Première Dame, offizielle Freundin von monsieur le Président, landete in der Klinik. „Elle se repose", hat uns François während der jährlichen Pressekonferenz au Palais de l'Elysée am 14. Januar 2014 um 17.32 Uhr mitgeteilt.

Aber auch Angela Merkel hatte ein Geheimnis, lorsqu'elle adressa le 31 décembre ses voeux de Nouvel An au peuple allemand. Elle avait fait une chute à ski quelques jours auparavant. Ein paar Tage später nous apprîmes de la bouche de Steffen Seibert, Pressesprecher der Regierung, dass die Kanzlerin avait été victime d'un Skiunfall, allerdings könne man davon ausgehen, précisa mon ex-collègue Steffen, dass der Sturz „bei geringer Geschwindigkeit stattfand".

Normalerweise ist man schneller auf Abfahrtskiern unterwegs que sur des skis de fond. Normalerweise. Mais selon la qualité de la neige kann man auch eine beachtliche Geschwindigkeit auf Langlaufskiern erreichen. La piste qui traverse le Satzerwald entre Sankt-Moritz et Pontresina bietet auch ein paar abschüssige Stellen aux skieurs et skieuses an. Im Schatten einer Tanne ist die Piste vereist und schon ist es passiert.

Dans mon texte, publié le 4 janvier, j'avais averti la Chancelière des dangers du Langlauf. Zu spät, la chute avait déjà eu lieu, mais elle n'était pas publique.

Je comprends très bien que François nous a caché ses amours, aber ich staune, dass Angela den Sturz et la date de la chute zunächst verheimlicht hat.

Une hypothèse : Peut-être est-elle tombée le même jour que Schumacher? Der schnellste Rennfahrer der Welt Opfer eines Skiunfalls. La femme la plus puissante du monde, selon le livre de Jean-Paul Picaper, victime d'une chute à ski. Was ist los mit Deutschland?

Une conclusion s'impose: Chancelière ou Président, accident de ski ou amour caché, une vie privée est quasi impossible während der Amtszeit.

18. Januar 2014

V.

Die Kanzlerin und die Präsidenten – La Chancelière et les Présidents.

Das ICH und das JE. Le roi du pronom personnel.

Hin und wieder schreiben mir Schüler ou des étudiants, qui font un travail sur la France et l'Allemagne. Wo gibt es Unterschiede? Wie sind sie zu bewerten? Avez-vous des informations que mon professeur nicht kennt?

Encore cette semaine hat le Premier ministre Manuel Valls Berlin besucht et s'est entretenu avec madame la Chancelière Angela Merkel. Franzosen sind oft beleidigt, lorsque les Allemands jouent aux Besserwisser, weil wir unsere Hausaufgaben nicht machen, also die Reduzierung der Defizite. Mais Angela a été très gentille avec Manuel. Ist auch normal. Le vrai responsable de la politique française est François Hollande, le Président de la République, élu au suffrage universel. Manuel Valls ist als Premier ministre sozusagen nur son secrétaire privé.

Ich rate den Studenten, eine Arbeit zu schreiben, dont le titre n'aura que deux lettres: JE.

Am 16. September le Président nous a offert une conférence de presse im Elysée-Palast. Vom Ambiente in Paris kann madame la Chancelière nur träumen: Sommertheater pur, nur die Perücke des Königs fehlte. Pendant son discours qui dura 42 minutes et 39 secondes sagte er 107 Mal JE. Während der Fragen der Journalisten, eine Stunde und 21 Minuten, schenkte er uns 200 JE als Zugabe. Am 25. Mai il nous offrit durant un entretien télévisé de 33 minutes et 38 secondes 183 JE. Am Nationalfeiertag im Fernsehen: 143 JE innerhalb von 35 Minuten. In der Zeitung Le Monde vom 21. August gab es nur 37 JE. Die zwei Buchstaben waren allerdings schon im Titel des Beitrages zu finden: „L'Europe que JE veux."

Ich schlage vor, dass die Studenten calculent le nombre de ICH de madame la Chancelière. J'ai fait le calcul während der Neujahrsansprachen de 2013. François nous a offert 25 JE en dix minutes et 20 secondes. Angela nur zwei ICH, mais elle ne parla que six minutes et onze secondes.

Je pense pouvoir affirmer que le Übergewicht du JE présidentiel eindeutig ist. Die Kanzlerin wird mit ihrem ICH abgehängt. Warum ? Hat es etwas mit der Grammatik zu tun, avec un abus de Rotwein oder gar mit dem Mondzyklus? A vous de jouer.

27. September 2014

V.

Die Kanzlerin und die Präsidenten – La Chancelière et les Présidents.

Die Kanzlerin und Grönland. La Chancelière quitte l'Allemagne?

Auch wenn ich noch drei Monate warten muss, bin ich gespannt auf die Neu-jahrsansprache de la Chancelière Angela Merkel. A l'inverse de François Hollande, elle a l'habitude de sourire à ses compatriotes en les remerciant pour leur engagement, zum Beispiel 2013, als die Elbe verrückt spielte.

François dagegen beschimpft regelrecht die Franzosen, weil sie nicht mehr an Frankreich glauben. Angela setzt immer noch ein i-Tüpfelchen auf ihre Bot-schaft: „Gottes Segen", was François nie wagen würde. Il ne croit pas en Dieu, obwohl er auch schon mal eine gesegnete Katze nach Hause brachte.

Ich frage mich allerdings, si la Chancelière, qu'une partie du monde qualifie de Mère Theresa, am 31. Dezember noch im Amt sein wird. Non pas que je lui souhaite un accident, loin de là, aber ich kenne natürlich ihre Aussage: „Wenn wir jetzt anfangen müssen, uns zu entschuldigen dafür, dass wir in Notsitua-tionen ein freundliches Gesicht zeigen, dann ist das nicht mein Land."

Elle annonce clairement la possibilité de changer de Heimat si les „Seehofers" sich wie Sand am Meer vermehren, donc si la générosité de ses compatriotes à l'égard des Flüchtlinge laisse à désirer.

Es stellen sich ab sofort zwei Fragen. Wo liegt die Schmerzgrenze de la Chancelière? A partir de quand va-t-elle décider que l'Allemagne n'est plus sa Heimat? Ich hoffe für uns alle das Beste, mais il est clair qu'au premier attentat islamiste en Allemagne kann die Stimmung à l'égard des réfugiés kippen, et Angela prendra la décision d'émigrer.

La deuxième question est: Wohin wird sie auswandern? Welches Land kommt als neue Heimat in Frage? Das Elsass? Glaube ich nicht. Trop proche de l'Allemagne. Da wäre sie dauernd mit deutschen Touristen konfrontiert und ne pourrait pas se promener incognito.

Sie mag Südtirol. Reinhold Messner a assez de place, um sie in seinem Schloss Juval zu beherbergen. Aber dort ist sie auch trop connue. Vielleicht in einem rus-sischsprachigen Land? Sur l'île de Sachalin, qui se trouve à 40 km de Hokaido? Ou bien in Grönland, wo sie in einem dicken Parka mit Pelzmütze und Sonnen-brille in aller Ruhe ungestört mit Joachim leben könnte.

2. Oktober 2015

V.

Die Kanzlerin und die Präsidenten – La Chancelière et les Présidents.

4. Angela mit Emmanuel Macron. 2017-?

Macron-Show

Endlich zwei, die sich auf Augenhöhe, sogar auf Liebes-Höhe begegnen, dachte ich, als Emmanuel und Angela sich kennenlernten pour sauver l'Europe. „Ils s'aiment", répète à qui veut l'entendre Daniel Cohn-Bendit. Das tut gut.

Bums „patratas", alles im Eimer. Angela steckt fest dans le marécage politique. Porschefahrer Lindner zog alle mit sich in die Leitplanke der Selbstzweifel. Agrarminister Schmitt lui a fait un enfant dans le dos, auf Französisch wortwörtlich ein Kind in den Rücken gesetzt, also hintergangen.

Pendant ce temps reist Jupiter Macron allein durch die Weltgeschichte. Diese Woche umarmte er Afrika: Burkina Faso, Côte d'Ivoire, Ghana.

Am Dienstag hat er in der Uni von Ouagadougou (Burkina Faso) vor 800 Studentinnen und Studenten eine Polit-Show hingelegt, die ihresgleichen sucht. Durant trois heures il a présenté aux Africains un nouveau pacte, der unter die alten Schummeleien von „France-Afrique", so nennt man die postkoloniale Politik, die nur darauf hinaus war Afrika auszubeuten, einen Schlussstrich setzen wird.

„Je ne viens pas vous donner de leçons" – ich komme nicht um Ihnen Lektionen zu verpassen, posaunte er ins Publikum.

Aber schon nach einer Stunde le „je" présidentiel ressembla à une canonnade. Je, Je, Je Je, Je: genau wie Hollande verwandelte er sich in den König des Personalpronomens und forderte die jungen Afrikanerinnen auf, weniger Kinder in die Welt zu setzen! Il promit même de rendre aux Africains une partie der Kunstwerke, die in Paris die Museen schmücken.

„Wo ist unser Gold?", fragte ein Student. „Quel or? Nous n'avons pas d'or du Burkina Faso à Paris." „Was mit der Sklaverei in Libyen?", fragte der nächste. „Ce ne sont pas les Français qui exploitent les Africains en Libye, ce sont des Africains." „Mais je n'aurais pas fait la guerre à la Libye", précisa-t-il. Ein Hieb gegen Vorgänger Sarkozy. „Lieber Studenten als Soldaten in Afrika", affirma une jeune femme. „Wieso, nos soldats défendent votre liberté!" Il n'hésita pas à affirmer que la langue française est également une langue africaine, die bald die Weltsprache Nr. eins werden kann.

Schon am Mittwoch hat Angela Emmanuel in Abidjan (Côte d'Ivoire) beim EU-Afrika Gipfel eingeholt. Endlich kann ich wieder ruhig schlafen.

2. Dezember 2017

V.

Die Kanzlerin und die Präsidenten – La Chancelière et les Présidents.

La tristesse du Président. Was ist los mit Angela?

Emmanuel ist traurig. Angela ist plötzlich nicht mehr Angela, „La femme la plus puissante du monde", wie Jean-Paul Picaper seine Biographie der Bundeskanzlerin betitelte. Sie ist gerade noch la femme la plus puissante de la CDU, et encore? Aber für wie lange noch? Son ami Martin Schulz, monsieur Europe, ist plötzlich weg vom Fenster und wird bald wieder als Buchhändler in Würselen arbeiten. Da kann Martin ihn ja für eine Lesung de son livre *Révolution* einladen.

Aber der Karneval in Mainz lui a remonté le moral, hat ihn wieder moralisch und politisch aufgebaut. Er fuhr nämlich durch die Innenstadt als Napoleon verkleidet, debout in einer Ente, die Hand in die Zukunft Europas ausgestreckt.

„Les Allemands libres et les Français libres forment désormais un peuple inséparable", hieß es im Mainzer Konvent am 21. März 1793. Das waren Zeiten! Frankreich als Leuchtturm der Welt. Aber die Preußen waren nicht damit einverstanden.

Am vergangenen Dienstag hat Macron die Presse im Elysée-Palast ohne Kameras eingeladen. Im Plauderton hat er durant deux heures über Gott und die Welt geredet. Bescheidenheit war angesagt, ce qui a surpris les journalistes. Il a avoué qu'il est entré à l'Elysée par „effraction", also dank eines politischen Einbruchs, der nicht vorauszusehen war, als er für das höchste Amt kandidierte. „Mais man muss fest an sich glauben, dann kann sowas passieren", betonte er. Die Hoffnung stirbt also zuletzt, auch in der Politik.

A l'âge de quarante ans, il est plus facile d'espérer. Was Angela passiert, kann Emmanuel nicht passieren. Après deux mandats, also nach 10 Jahren, darf er nicht erneut kandidieren. Angela n'a pas de chance. Das deutsche System ist verführerisch. Elle peut se présenter éternellement, theoretisch.

Emmanuel hat uns noch was gebeichtet: „Je crois à une certaine transcendance!" Das ist gut zu wissen. Es gibt eine außerirdische Kraft, die unser Leben bestimmt. Tranzendenz hin, Tranzendenz her, wenn die Groko nicht abgesegnet wird par les militants du SPD, wird Jupiter Macron die Geschäfte der Bundesrepublik kommissarisch übernehmen, um den Deutschen Neuwahlen oder eine Minderheitsregierung zu ersparen.

17. Februar 2018

V.

Die Kanzlerin und die Präsidenten – La Chancelière et les Présidents.

Sie ist wieder da! La résurrection d'Angela.

Seit dem 24. September 2017, jour des élections du nouveau Bundestag, belehren uns die französischen Journalisten, que Angela n'est plus qu'un souvenir, dass Madame Merkel, la femme la plus puissante du monde, am Ende ist.

Emmanuel bedauerte zwar, dass Angela schwächelte und vielleicht sogar in der Uckermark ihre Pension antreten würde, mais l'essentiel est que Jupiter reste en fonction: „Make France great again."

Dans les forêts des Schlosses zu Chambord, von François Ier errichtet, Manupiter va de nouveau introduire la „chasse à courre". Da jagen die edlen Jäger der Republik mit Jagdhunden den nicht weniger edlen Platzhirschen hinterher.

Deutschland dagegen wird von zehntausenden vierbeinigen Migranten aus Osteuropa, auch Wildschweine genannt, überschwemmt. Wir Franzosen und Deutschen ne vivont pas sur la même planète.

Die monatelangen, teils nervenden Diskussionen zwischen den Parteien haben die Franzosen nicht verstanden. Tout simplement parce qu'à Paris un seul homme décide de tout: Emmanuel Macron. Im französischen Politjargon nennt man diese Methode „Bonapartisme", en souvenir de Napoléon Bonaparte, der die Republik wie ein Kaiser führte.

Während der campagne présidentielle hatte Macron genau das Gegenteil gepredigt: Jeder Bürger ist aufgerufen sich an den Entscheidungen zu beteiligen. Chaque citoyen est invité à se mettre „en marche".

Plötzlich, siehe da, spätestens seit Montag, dem 26. Februar 2018, auf dem CDU-Parteitag, wird Angela wie ein Popstar bejubelt. Après son discours elle s'assoit, mais les applaudissements se transforment en standing ovation und Angela erhebt sich, schlendert locker auf der Tribüne hin und her wie eine Sängerin, hebt mehrfach die Hände zusammen über ihren Kopf und genießt sichtlich den Erfolg.

Am Ende ihrer einstündigen Rede hatte sie sogar einen Auftritt à la Dieter Nuhr und flocht, schelmisch lächelnd, ein „wir schaffen das" in ihren letzten Satz.

Ja, Angela ist wieder da ... und auf Emmanuel rollt eine Streikwelle der „cheminots" zu, der Bahnangestellten, noch vor Ostern, weil er allein entscheidet. Sie bangen um ihre Privilegien – retraite à 52 ans, freie Bahnfahrt für die Familie, Oma und Opa inklusive.

2. März 2018

V.

Die Kanzlerin und die Präsidenten – La Chancelière et les Présidents.

Wo hängt Merkel? Macron cloué au plafond.

Angela Merkel kann sich nur freuen, dass ihr Konterfei nicht obligatorisch in jedem Rathaus der Nation aufgehängt wird, comme c'est le cas pour le portrait d'Emmanuel Macron. Monsieur le Président hat die Ehre, in jeder der 36.000 französischen „mairies" den citoyens direkt in die Augen zu schauen.

Wenn Sie in Frankreich heiraten, wird die Zeremonie im Rathaus vollzogen, unter der Blickherrschaft des Präsidenten himself: eine Art Liebesversicherung der Republik pour les mariés.

Diese Tradition gab es schon einmal im Dritten Reich. Da hing der Führer in jedem Rathaus. Bei einer Trauung gab es sogar ein Geschenk: den Bestseller *Mein Kampf.*

Das war einmal. Ich habe in Freiburg der Trauung von Roman und Anja beigewohnt. Angela hat nicht zugeschaut, auch der Bundespräsident nicht.

Ich rede von Glück für Angela, weil die Franzosen – weltbekannt für originelle Protestaktionen wie die der Gelbwesten – une nouvelle forme de protestation erfunden haben. Sie hängen ganz einfach das Bild des Präsidenten ab und spazieren damit dans les rues.

Es gibt Gemeinden in Deutschland, wo die Gegner von Angela hundertprozentig auf die Idee gekommen wären, ihr Konterfei zu klauen, um es umgekippt brüllend durch die Straßen zu fahren.

In Frankreich sind es Umweltschützer, die auf die Idee gekommen sind de décrocher le portrait du Président pour s'en servir beim Protest gegen seine mangelnde Umweltpolitik. Man nennt sie „les décrocheurs de portraits", wortwörtlich, diejenigen, die Bilder abhängen.

Die Justiz hat schon einige für das Klauen bestraft: zwischen 200 und 500 Euro (Höchststrafe pour „vol en réunion": 75.000 Euro)

Kürzlich hat aber ein Richter in Lyon die „Porträt-Diebe" mit folgendem Argument freigesprochen: „Das Motiv der décrocheurs ist legitim, weil der Klimaschutz gefährdet ist." Les décrocheurs se réjouissent, mais le gouvernement n'est pas content.

Jeanne d'Hauteserre, Bürgermeisterin des 8. Arrondissement in Paris (Champs-Elysées) hat vorsorglich das Bild des Präsidenten an die Decke genagelt, da bräuchten die décrocheurs eine Leiter, ce qui va compliquer le vol. On s'amuse comme on peut.

18. September 2019

VI. Die Kunst des Regieren – L'art de gouverner.

1. Der Philosoph und der Präsident. Qui gouverne?

Schriftsteller genießen bekanntlich in Frankreich einen Sonderstatus. „On n'emprisonne pas Voltaire", soll Charles de Gaulle gesagt haben, als sein Innenminister während der Mai-Revolte 1968 Jean-Paul Sartre hinter die Gitter bringen wollte.

Der Weltphilosoph Bernard-Henri Lévy, kurz BHL genannt, aussi télégénique qu'intelligent, hat in Frankreich gleich deux ministres ersetzt: Alain Juppé, ministre des affaires étrangères et Gérard Longuet, ministre de la défense. Nachdem er wie alle französischen Besserwisser die Revolution in Tunis und Kairo verschlafen hatte, stürzte er sich auf Libyen. Depuis la fin du conflit, on le voit plus souvent à la télévision als den Verteidigungsminister. Er soll Präsident Sarkozy überredet haben, de recevoir im Alleingang les représentants de l'opposition à Kadhafi, was madame Angela mit recht ärgerte: „Der Justizminister, der maßgeblich an der Internierung der bulgarischen Krankenschwestern beteiligt war, soll an der Spitze der Opposition stehen, wie reimt sich das zusammen?"

BHL se moque naturellement des questions que pose madame la Chancelière. Sarko, eingepfercht zwischen Weltsängerin Carla und Weltphilosoph Bernard-Henri, fühlt sich als Napoléon. Er wird auf dem Flugzeugträger Charles de Gaulle erwartet. Il s'agit du fameux porte-avions, dont la Startbahn zu kurz geplant wurde. Ne parlons pas des hélices, qui ne tournent pas toutes in dieselbe Richtung. Ich warte eigentlich nur auf die Meldung: „Sarko fliegt selbst den Einsatz."

Ein Teil der Presse ist begeistert. La France est plus rapide que les USA. Sarko hat Obama übertrumpft. Kein Wort, dass die Amerikaner organisatorisch alles in der Hand haben. Il vaut mieux. Den Wehrdienst hat Sarko zwar in der Base aérienne 117 absolviert, aber als Drückeberger. Il était chargé de nettoyer les couloirs des bureaux parisiens der Fliegerstaffel.

Wenn man die surrealistischen Bilder der Rebellen sieht, qui courent dans tous les sens comme des lapins fous, wird einem ziemlich mulmig. Die Chefs der Rebellen restent silencieux ou inexistants.

Un philosophe qui joue au général et un Président qui joue au philosophe: un vrai scénario catastrophe.

26. März 2011

2. Wählen mit der Gendarmerie. Le choc de simplification.

Am 28. März 2013 hat François Hollande au peuple de France un choc de simplification versprochen. Die citoyens staunen nicht schlecht, mais se sont réjouis que le Président-roi pense à leur faciliter das tägliche Leben. Die Deutschen denken zwar, dass die französische Verwaltung „singend" arbeitet, mais c'est faux. L'administration allemande est en réalité plus souple. Sowohl unser Arbeitsrecht als auch unser Wahlrecht sind komplizierter als in Deutschland.

Comment voter dans les deux pays ? Wo ist der Vorgang moins bureaucratique? In Deutschland schickt die Gemeindeverwaltung dem Bürger eine Wahlbescheinigung avec les renseignements pratiques: bulletins de vote, lieu de vote. L'électeur allemand va voter sur place. Sollte er sich für die Briefwahl entscheiden, beantragt der deutsche Wähler eine Briefwahlbescheinigung que l'administration lui envoie. Er füllt sie aus und schickt alles zurück.

En France muss man sich vor dem 31. Dezember des Wahljahres bei der Gemeindeverwaltung comme électeur einschreiben. Je reçois une carte électorale. Es gibt keine Anmeldepflicht mehr in Frankreich, si on change de lieu d'habitation, deshalb muss man die carte électorale beantragen.

Am Wahltag gehe ich dann mit der carte électorale in der Hand wählen. Spannend wird es bei der Briefwahl, bekannt als vote par procuration. Ich muss zur Gendarmerie, gebe Name und Adresse des Bürgers an, der an meiner Stelle wählen wird. Das Rathaus der betroffenen Gemeinde reçoit un papier de la part de la Gendarmerie, qui garde un reçu, auch ich bekomme einen Beleg. L'ami ou le voisin, ira voter à ma place.

Wenn ich im Krankenhaus bin oder mich in der Reha befinde, je dois signaler à la réception que je désire voter.

Bleiben wir bei den aktuellen Départementswahlen: l'établissement meldet mir einen Stichtag, avant le mercredi 25 mars 2015, prière de s'inscrire à la réception. Le vendredi 27 mars besucht die Gendarmerie die Klinik. Je me rends une deuxième fois au Empfang. Alles wird ausgefüllt avec les gendarmes, die immer zu zweit unterwegs sind.

Ist man bettlägerig, kommen die gendarmes, toujours à deux, ins Zimmer, und alles wird vor Ort ausgefüllt. Je rappelle que les gendarmes sont des militaires, sie gehören zur Armee. Wieso verbringen sie ihre kostbare Zeit mit so einem komplizierten Verwaltungsverfahren, statt sich um die Banditen zu kümmern?

28. März 2015

3. Von der Polit-Waffe 49-3. L'arme nucléaire du gouvernement.

Frankreich und Deutschland sind Demokratien. Personne n'en doute. Dennoch regiert man anders in Paris als in Berlin. Bekannt ist que la Chancelière est élue par le Bundestag. Monsieur le Président dagegen wird direkt vom Volk gewählt. Was ist demokratischer? Ewige Frage. Nous constatons que le Président wie ein König regiert, il nomme le chef du gouvernement, qui exécute ses ordres. Die Kanzlerin muss auf den Bundestag Rücksicht nehmen.

„L'élection présidentielle les rend fous", sagt Daniel Cohn-Bendit. In der Tat gibt es fünf Jahre lang einen Dauerwahlkampf, qui tue l'exercice d'une démocratie véritable. *Arrêtons d'élire des présidents*, heisst das Buch des Star-Kolumnisten Thomas Legrand.

Weniger bekannt en Allemagne ist, qu'un gouvernement français, dank einer Polit-Waffe der dritten Dimension, ohne Mehrheit regieren kann. Diese Waffe nennt sich le 49-3. Das hört sich in der Tat wie ein Revolver an. Am vergangenen Mittwoch wurde sie wieder gezückt, parce que le gouvernement Valls II pensait ne pas trouver une majorité à l'Assemblée nationale, um die loi Macron zu verabschieden. Une partie de la gauche ist der Meinung, que la nouvelle loi sur le travail favorise die Arbeitgeber. Le 49-3 erlaubte, ohne Abstimmung das Gesetz durchzuwinken „au nom de l'efficacité", plädierte Valls, qui en a marre de perdre du temps à discuter avec les députés. Pas très démocratique.

Le 49-3 wurde schon le 7 février 2015 angewandt. „Le Monde" verglich le 49-3 à un pistolet. Eine Kollegin vom Radio-Sender France Info parla d'un „colt qu'utilise le Premier ministre pour achever sa majorité" – „um seine Mehrheit zu erledigen". François Fillon, l'ex-Premier ministre von Sarkozy, ging noch eine Stufe weiter et compara le 49-3 à „une arme nucléaire".

Ces métaphores guerrières sind eigenartig, in einer Zeit, in der Franzosen Franzosen umbringen, siehe „Charlie-Hebdo". Kein Wunder, dass Premierminister Valls im Februar ait été accueilli à Marseille par des tirs de Kalachnikov.

Am vergangenen Mittwoch wurde wieder le 49-3 mit einer Waffe verglichen. Les députés ne sont pas contents. Sie fühlen sich übergangen, auch die Regierungspartei. L'utilisation de la Polit-Waffe 49-3 ist in Deutschland nicht denkbar. Gut so.

20. Juni 2015

4. Gewalt gegen Politiker. Le fumier pour le Préfet.

Kuhmist im Hof einer „préfecture" abzuladen oder ihn mit Gülle zu bespritzen gehört in Frankreich zur Tradition. Monsieur le Préfet amtiert seit Napoléon als Hausherr, Vertreter der Pariser Regierung in jedem Département. Der Elysée-Palast ist zu weit weg. So wird der Frust vor Ort abgeladen. Der Gärtner de monsieur le Préfet profitiert natürlich von Mist und Gülle für die noblen Gartenanlagen, die in der Provinz einen Touch von Versailles haben.

Depuis une année hat sich die Stimmung radikal verschärft. Angefeuert durch die Gelbwesten werden die Politiker immer öfters angegriffen und zwar nicht nur verbal.

Depuis 2017, also seit der Wahl von Emmanuel Macron wurden 121 permanences – Wahlkreisbüros – der Macron-Partei *En Marche*, LREM genannt, beschmiert, zugemauert oder zerstört. Romain Grau, député aus Perpignan, war in seinem Büro, als ein Brand gelegt wurde. Manchmal belästigen die Protestler sogar die Familien der Politiker zu Hause. Surprenant, weil das Parlament radikal erneuert wurde. Beaucoup de députés sont très jeunes.

„361 Maires et adjoints ont été victimes d'atteintes volontaires à l'intégrité physique" durant l'année 2018. Kein Wunder, dass fast die Hälfte der 36.000 Bürgermeister Frankreichs keine Lust mehr hat, bei den nächsten Kommunalwahlen 2020 erneut anzutreten.

Die Politikverdrossenheit hat einen Höhepunkt erreicht. Paris verliert langsam aber sicher die Kontrolle. C'est le destin d'une république centralisée à outrance.

In Deutschland gibt es bekanntlich im Augenblick Regionalwahlen. Stundenlang les politiciens de chaque région se battent pour défendre leurs idées. Manchmal mischt Berlin auch mit. Koalitionen werden gewünscht oder vermieden. Ces débats à la télévision ou dans la Presse animent le débat démocratique.

In Frankreich sind Regionalwahlen uninteressant. Das regionale Parlament hat ohnehin nicht viel zu melden. Die Macht bleibt in Paris, deshalb hat man in Frankreich viel schneller als in Deutschland Lust am Königsmord inklusive seiner Vasallen.

Et monsieur le Président sitzt allein in seinem Palast oder im Urlaub in seiner Festung am Mittelmeer. Wer hätte vor zwei Jahren gedacht, als Emmanuel die Welt mit seinem Wahlsieg verzauberte, dass er und seine Vertreter von einem Teil der Bevölkerung gehasst werden?

31. September 2019

5. Rentenreform. Impossible n'est pas français.

Deutsche Freunde bitten mich regelmäßig, ihnen zu erklären, warum die Franzosen wegen der Rentenreform seit Wochen streiken. Viele Franzosen verzichten auf Schlaf, um rechtzeitig den Arbeitsplatz zu erreichen. In Paris bezahlen Betriebe den Mitarbeitern, die nicht streiken et qui habitent trop loin du lieu de travail, die Hotelübernachtung vor Ort: die Angestellten fühlen sich glatt in Urlaub.

Je suis totalement incapable d'expliquer à mes amis allemands le modèle de retraite que propose Emmanuel Macron aux Français. Ich kenne auch niemanden, der mir das zukünftige Rentensystem genau erklären kann.

Über zwei Jahre wurde darüber nachgedacht. Es soll Punkte geben, mais comment calculer les Punkte? Wochenlang wurde vom âge *pivot* gesprochen: das heißt Rente ab 64, heute ab 62. Was bedeutet *pivot*. Im Basketball spricht man von Sternschritt bei einem Spieler, der in günstiger Korbnähe steht und einen oder mehrere Bewegungen mit einem Fuß macht, während der andere Fuß seine Position nicht verändert. Nicht alle Franzosen spielen Basketball, aber jeder Franzose sucht die günstigste Rentennähe.

Das Wort *pivot* wurde am vergangenen Sonntag provisorisch gestrichen.

Aucun Français vivant ne veut partir à la retraite mit 64. Nous admirons les Allemands pour tout und stellen uns täglich die Frage: „Wann holen wir die Deutschen ein?" Nur in Punkto Rente wollen wir keine deutschen Verhältnisse. Deutschland soll ruhig der Arbeitspark Europas bleiben und Frankreich der Freizeitpark.

Die Regierung sagt, wir brauchen 12 Mrd. Euro, um das neue System zu finanzieren. Mais où trouver l'argent?

Hätten wir die Superatomkathedrale von Flamanville in der Normandie nicht gebaut, hätten wir problemlos 12 Mrd. Euro gespart. Soviel kostet der Bau bisher, sans qu'elle fonctionne. Der Kessel des Atommeilers ist undicht.

Diese Woche j'ai appris, dass Deutschland einen Überschuss von 12 Mrd. Euro unerwartet – so Olaf Scholz – eingefahren hat. Da haben wir doch die Lösung. Im Namen der deutsch-französischen Freundschaft kann Berlin die Milliarden nach Frankreich verschieben, comme cadeau. Und wir gehen weiter früher in Rente, um unsere deutschen Freunde dementsprechend würdig zu empfangen, mit Apéro, Schnecken, Gänseleber und Froschschenkel, ohne den Rotwein zu vergessen.

18. Januar 2020

6. The Marathon Man. L'homme de tous les records.

Beide, Angela und Emmanuel, geben an: „Ich brauche nicht viel Schlaf." „Je n'ai pas besoin de beaucoup de sommeil." Wunderbar, aber gefährlich. Ein Politiker sollte immer gut ausgeschlafen sein pour prendre les bonnes décisions, um das jeweilige Volk zu beglücken.

Ich bin überzeugt qu'Angela von morgens bis abends arbeitet, comme Emmanuel, mais le Président ist eindeutig Sieger, wenn man Themenwechsel und Begegnungen mit dem Volk als Kriterium nimmt.

Innerhalb von 10 Tagen, du 13 au 22 février 2020 hat er folgenden Polit-Marathon absolviert. Am 13. Februar war er in den Alpen am Fuße du Mont Blanc, um la mer de glace zu begutachten: Thema Klimawandel. Skianzug aux couleurs du drapeau français. Da es einen slip français, bleu blanc rouge, im Handel gibt, il a certainement porté ce symbole de la France dans le monde.

Am 15. Februar: Konferenz im Bayrischen Hof in München, um die Sicherheit in der Welt mit Kollegen – auch Angela – zu besprechen.

Am 19. Februar verbrachte er einen Tag in Mulhouse im Elsass: Thema: le séparatisme islamiste. Im Problemviertel Bourtzwiller suchte er den Kontakt mit dem Publikum et expliqua la république aux citoyens qui doutent.

Am 20. und 21. Februar verweilte er in Brüssel – wieder mit Angela –, um die französischen Bauern zu verteidigen. Einigkeit gab es nicht. Die Nacht endete ohne Schlaf gegen 5 Uhr.

Schon um halb neun Samstagmorgen, le 22 février, besuchte Emmanuel le salon de l'agriculture in Paris. Ein Must pour chaque politicien. Gefährlich: als er Kandidat für die Präsidentenwahl 2017 war, platzte ein Ei auf seiner Stirn et éclaboussa son costume. 2019 begutachtete monsieur le Président 14 Stunden lang die Stars der Landwirtschaftsmesse: de la plus belle vache au plus beau coq. Dazwischen ließ er hunderte von Selfies über sich ergehen.

2020 il ne resta que 12 heures au salon, aber ließ sich auf unzählige Gespräche ein, expliqua avec patience sa politique, stritt sogar mit einer Vertreterin der Gelbwesten qui obtint un rendez-vous à l'Elysée.

„Wie schafft er das?", fragte sich Angela, als sie im Kupfergraben bei Kaffee und Kuchen mit Gatte Joachim über ihre Zukunft als Polit-Rentnerin sinnierte. „Jupiter eben!", sagte Professor Sauer. „Jupiter! Natürlich", répondit la Chancelière.

20. Februar 2020

VII. Die Medien – Les médias.

1. Zwei Freunde beim Fernsehen. Deux amis PDG à la télé.

Privileg des Alters: Freunde schaffen es in höhere Etagen, werden Minister oder Intendanten. Andere beziehen schon ihre Rente als Holzfäller, je les apprécie autant les uns que les autres. D'autres befinden sich schon im Jenseits. Nous ne sommes pas égaux devant la maladie, aber auch ohne Krankheit sind wir nicht gleich devant la mort.

Bleiben wir bei zwei Freunden, die Fernsehintendanten wurden. Der eine en France, président de France télévisions, un ensemble médiatique de 5 télévisions publiques. Der andere in Deutschland, il dirige la ZDF. Ce sont les „Jules et Jim" de la télévision, um an François Truffaut zu errinern, der eine deutsch-französische Freundschaft verfilmte, mit Jeanne Moreau zwischen beiden.

Rémy Pflimlin et Markus Schächter. Die Funktion beider Intendanten zu vergleichen nous permet d'analyser le fonctionnement de la société française et de la société allemande. Markus Schächter wurde élu à la suite d'un vote représentatif de la société, 77 Mitglieder des Fernsehrates haben ihn gewählt. Rémy Pflimlin wurde allein durch die Gnade de monsieur le Président Sarkozy auf den Chefsessel gehievt. Louis XIV agierte ähnlich. Pas de débat, le Président décide seul. Sogar das Wetter vorauszusagen – Regen, Sonne oder Schnee – schafft er inzwischen.

In Deutschland gibt es politische Debatten. Die endlose Diskussion au sein de la ZDF, autour de la Nominierung du Chefredakteur hat es bewiesen. Der Intendant a même dû céder devant la majorité de son Verwaltungsrat, mais il y a eu un débat et l'ensemble de la télévision publique allemande est le résultat einer permanenten Auseinandersetzung zwischen allen Strömungen der Gesellschaft.

Gewiss, mes amis allemands pensent que les politiciens sich zu sehr einmischen. Recht haben sie. Dennoch, aucune comparaison avec le système français où le Président remplace le Premier ministre et le parlement.

Remy Pflimlin ist sensibel und intelligent, aber er ist nur das Sprachrohr des Präsidenten. Markus Schächter ne peut pas faire was er will, aber er bleibt plus indépendant du pouvoir que son ami français. Das französische System blockiert die Entwicklung der Gesellschaft. Das deutsche, malgré ses Lücken, est plus dynamique.

18. September 2010

2. Hinter den getönten Scheiben. Le journalisme du ridicule.

Die Franzosen haben eine neue Variante des politischen Journalismus erfunden. La course poursuite à moto. Der Journalist sitzt auf einem Motorad und rast dem Politiker-Auto hinterher, accompagné d'un caméraman, lui-même à moto.

Ein Beispiel: Nicolas Sarkozy sort du Palais de l'Elysée, Richtung Palais de la Mutualité, zur Wahlparty. Près de trente motos de presse umkreisen sein Auto, se glissent entre les voitures des policiers, die le candidat begleiten. Es wird life gefilmt und geblitzt. Die Kamera filmt die getönten Scheiben et le journaliste nous raconte en direct, dass der Präsident hinter den getönten Scheiben sitzt. Die Motorradfahrer se croisent dangereusement. Jeder will das beste Bild haben. Der Zuschauer wartet bis es kracht. Der Moderator im Studio mahnt zur Vorsicht: „Soyez prudent!", kommentiert aber selbst die Fahrt, wenn der Kollege für ein paar Sekunden abgehängt wird: „Der Präsident befindet sich hinter den getönten Scheiben!" Schon filmt eine Kamera d'une télévision concurrente, denn alle Sender spielen mit.

Dimanche dernier krachte es nicht. Les chauffeurs sont des artistes. Ich denke an die Tour de France, où les motocyclistes poursuivent les cyclistes, um uns Wahnsinnsbilder zu liefern, die die Spannung des Rennens steigern. Aber hier ist alles sinnlos. Le Président ne va pas ouvrir la fenêtre.

Da steigt in einem Stau le journaliste des staatlichen Fernsehens France Télévisions tatsächlich vom Motorrad und klopft gegen eine getönte Scheibe: „Monsieur le Président, pouvez-vous nous dire votre sentiment concernant les élections." Die Scheibe bleibt geschlossen.

La même scène se passe à Tulle, wo Kandidat François Hollande den Wahltag verbracht hat. Sa voiture fonce vers l'aéroport sous la pluie. Une noria de motos la suit. Der Regen macht die Objektive unscharf. Le danger d'un accident est encore plus grand. Der Informationswert de la corrida à moto ist gleich null. Die Journalisten werden zu politischen Paparazzi.

Amüsant war am vergangenen Sonntag, dass die Runde mit Sarkozy leer ausging. Monsieur le Noch-Präsident saß gar nicht im Auto, mais comment le savoir? Die getönten Scheiben täuschten alle.

28. April 2012

3. Der 14. Juli und die Deutschen. La fête nationale.

„L'économie, le Tour de France et la coupe du monde, cela commence à bien faire", kommentierte ein Kollege im französischen Fernsehen. Wir schreiben lundi le 14 juillet 2014, Nationalfeiertag in Frankreich, en souvenir de la Révolution, die in Deutschland laut Tucholsky „wegen schlechter Witterung in der Musik stattgefunden hat". In wenigen Minuten werden tausende von Soldaten la plus belle avenue du monde, les Champs-Elysées, hinunter marschieren oder fahren. Le plus beau défilé du monde. Monsieur le Président hat Vertreter der 80 Nationen, qui ont participé à La Première Guerre mondiale, eingeladen.

François Hollande se regarde im Spiegel. Sitzt die Krawatte? Er hat sich auch eine neue Brille zugelegt, malheureusement hat er nicht aufgepasst. Les lunettes sont de fabrication danoise. Prompt haben ihn die französischen Brillenfabrikanten des Hochverrats bezichtigt.

„Diese Deutschen! Der Reporter hat recht, sie gewinnen alles", sinniert der Präsident und bittet den Butler um einen zweiten café au lait. A quoi bon organiser le plus beau défilé du monde, wenn die Deutschen alles gewinnen, ob Fußball, Tour de France oder Wirtschafts-Ranking.

Am 13. Juli hat schon wieder un cycliste allemand die Etappe gewonnen. Gérardmer-Mulhouse, ausgerechnet im Elsass. Il s'appelle Martin, le nom de famille le plus répandu de France. Der Kopf schmerzt. Nur keine Migräne. „Si un Allemand gagne l'étape du 14 juillet, je démissionne!" Le Butler hat Mühe ihn aufzurichten. „Oubliez les Allemands monsieur le Président. Il ne pleut pas aujourd'hui." Stimmt, es regnet nicht. Normalerweise schüttet es bei offiziellen Veranstaltungen.

Monsieur le Président finit par se détendre et quitte le Palais de l'Elysée pour le défilé. Zum Glück machen die Journalisten mit. Nicht umsonst ist der Presseausweis der Kollegen blau-weiß-rot. David Pujadas von France 2 a interviewé le Président, danach ist er mit dem Fallschirm über Paris abgesprungen pour lui faire plaisir. La vie est belle.

Imaginez Bettina Schausten oder Claus Kleber, die nach einem Sommerinterview mit der Kanzlerin en parachute über Berlin abspringen. L'étape du 14 juillet n'a pas été gagnée par un Allemand.

Le soldat Djvid Nikolik est mort au Mali le 14 juillet. Aber die Nachricht wurde erst am 15. Juli bekannt.

19. Juli 2014

4. Die Stunde der Experten qui parlent dans le vent.

Seit den Anschlägen der Terroristen in Paris haben die Experten die Bildschir-me wieder im Griff. Jeder Fernsehkanal a son expert ès terrorisme. Le plus grand expert est naturellement François Hollande, Président de la République française. Normal, er ist der oberste Boss der Armee. Auf der Webseite des Elysée steht le commandement militaire an erster Stelle de l'organigramme. Le Président peut déclencher une guerre sans demander l'avis au parlement. Frau Merkel kann das nicht, parce que Deutschland eine „Parlamentsarmee" besitzt, nous expliquent les politologues: „Die Volksvertreter müssen zustimmen."

François Hollande a déclaré à la nation: „Nous sommes en guerre!" Um der Bot-schaft maximale Wirkung zu verleihen, hat er das Parlament und den Senat in Versailles, dem Hauptwohnsitz von Louis XIV., versammelt. Er marschierte dans le corridor du château über hundert Meter an den Mitgliedern der Garde républicaine vorbei, qui le saluaient sabre au clair. J'ai sincèrement eu peur qu'il ne s'empare d'un Säbel avant de monter à la tribune, um seinen Worten noch mehr Kraft zu verleihen.

Je ne suis pas d'accord. Wir sind nicht im Krieg parce que les terroristes de l'IS in Paris über hundert Menschen getötet haben, sans compter les blessés. Nous sommes victimes d'un acte terroriste. Als die Wehrmacht 1940 Frankreich über-fiel und die Piloten die fliehenden citoyens auf den Straßen ins Visier nahmen, c'était la guerre. En Syrie il y a la guerre. Aber heute ist Frankreich nicht durch eine Armee gefährdet.

Die Experten sprechen immer von „verfehlter Integration." Trop rapide. Sie ist gelungener als man denkt. Pour s'en convaincre il suffit die Anzahl der Unter-haltungskünstler, der Fußballspieler und Journalisten mit Migrationshinter-grund zu analysieren. Sans oublier que l'intégration linguistique est plus gran-de que celle des Turcs en Allemagne.

Le vrai problème est théologique, Theologen sind gefragt, die den Koran analy-sieren wie Christen heute die Bibel. Findet man die Philosophie der Gewalt gegen Andersdenkende im Koran oder nicht? Mouhanad Korchide, Milad Karimi oder Navid Kermani werfen alle einen kritischen Blick auf den Ur-Text, auf den sich IS-Mitglieder berufen. Diesen theologischen Blick vermisse ich bei den Pariser Fernseh-Experten.

21. November 2015

5. Fernsehbeine und Stöckelschuhe. Jambes et talons-aiguilles.

Bei allen Fernsehanstalten der Welt sind, mit Vorbehalt, die Fernsehmoderatorinnen als „attraktive" Frauen zu bezeichnen. On peut facilement se représenter ces dames bei einer Werbeaktion für Parfums. Telegene Gesichter sind gefragt. Gibt es Unterschiede entre les deutschen und französischen Moderatorinnen? Les blondes sind hüben und drüben beliebt.

Ein Unterschied fällt sofort ins Auge: der Ausschnitt. Er ist bei den Französinnen – im Vergleich zum Ausschnitt der deutschen Kolleginnen – um einiges tiefer gerutscht, et ceci de plusieurs centimètres. Même quand il fait froid nous assistons à un mini-striptease. Dies ist sowohl bei privaten als auch bei öffentlichen Fernsehanstalten festzustellen. Die Damen scheinen in den letzten Jahren sogar zu rivalisieren. Qui osera aller plus loin? Darüber wird aber öffentlich nicht debattiert.

Ganz anders bei den Beinen der Moderatorinnen. Les jambes des présentatrices sorgen seit der Sommerpause für Gesprächsstoff. Ausgelöst wurde die Debatte durch die Beine der neuen Ankerfrau des öffentlichen Fernsehsenders France 2, Anne Sophie Lapix, blond wie Petra Gerster. Besser gesagt durch den Regieeinfall des Regisseurs. Schräg von der Seite gefilmt, la caméra offre au téléspectateur eine Einstellung der überkreuzten Beine der Dame. Da sie an einem gläsernen Tisch sitzt, bekommt das Bild zweifellos une dimension érotique. Prompt hat ein weiterer Regisseur die Beine der Ankerfrau von TF1 Marie Sophie Lacarrau, ausnahmsweise rothaarig, in Szene gesetzt.

La visualisation des jambes des présentatrices wird in Frankreich so heftig diskutiert wie die Nacktzone zwischen Knie und Rocksaum von Brigitte Macron. Brigitte nous parle d'ailleurs fièrement de sa jeunesse, als sie mit zwanzig im Minirock auftrat, aber da war Emmanuel noch nicht einmal geboren.

Zum Outfit im Studio gehören auch die Stöckelschuhe, talons aiguilles genannt. Ein Must für alle Journalistinnen, die auftreten. So steil wie möglich. Den Rest des Tages laufen sie barfuß herum, um sich von der Fernsehfolter zu erholen.

Chez Brigitte spielt le dévoilement de ses jambes keine Rolle. Sie verkündet keine Nachrichten. Bei den Moderatorinnen dagegen verlieren die Männer leicht den Faden der Nachrichtensendungen. Ils n'écoutent plus les nouvelles und lassen sich von den Beineinstellungen den Kopf verdrehen. „Reiner Sexismus", meinen nicht nur die Feministinnen.

16. September 2017

6. Fernsehuhren für Helden. Le temps des héros.

„Wie anders tickt Frankreich?", ist die obligatorische Frage der deutsch-französischen Experten lorsqu'ils sont invités à s'exprimer vor einem erlauchten Uni-Publikum. Um bei der Uhren-Metapher zu bleiben, stelle ich plus modestement die Frage: „Wie anders ticken die Fernsehuhren in Frankreich und Deutschland?"

La réponse est claire: ganz anders. Bei ZDF und ARD beginnen die Nachrichten, ob Heute Journal um 19 Uhr oder Tagesschau um 20 Uhr pünktlich, comme le prouve die Fernsehuhr. In Paris, sowohl bei France 2 (öffentlich) als auch bei TF1 (privat) beginnt die Tagesschau um zwanzig Uhr, ohne eingeblendete Fernsehuhr. Ist auch besser so. Le journal, wie der Franzose sagt, ne commence jamais à l'heure. Parfois beginnt der eine oder andere Sender avec une minute d'avance. Pourquoi ? Die Vermutung liegt nahe, dass es darum geht, die Konkurrenz gleich abzuhängen pour augmenter la Einschaltquote, l'audimat auf Französisch.

Wenn une célébrité stirbt, beispielweise Rockstar Johnny Hallyday, drehen die Fernsehuhren durch. Die Tagesschau, die in Frankreich 30 Minuten dauert, est entièrement consacrée à la Star. Le jour de la mort de Johnny, le 6 décembre, wurde die Tagesschau vom öffentlichen Fernsehen France 2 von 13 h (normale Dauer 30') auf eine Stunde siebzehn Minuten ausgedehnt, exclusivement consacrée au chanteur: Weltnachrichten ade.

Abends von 20 Uhr bis 20 Uhr 55 nur Johnny, dann deux minutes Trump et Jerusalem, und weiter mit einer Sondersendung Johnny bis Mitternacht. Depuis sa mort je n'ai plus réussi à compter les heures de diffusion à la gloire de Johnny, von Macron selbst als „Held" gefeiert. Oubliée sa fuite en Suisse, um dem Fiskus zu entkommen. Zunächst sollte er als „héros national" gefeiert werden. Zuviel des Guten: jetzt wurde aus dem Rocker, der sein Geld zum Fenster hinauswarf – für Nobelvillen, Freunde und sogar streikende Arbeiter – plus modestement un „héros populaire".

Der Philosoph Régis Debray schreibt zurecht: „Le héros n'est plus celui qui se sacrifie pour sa patrie ou pour une cause, mais celui qui se fait voir et entendre de tous."

Beim Tod von Victor Hugo begleiteten le premier juin 1885 zwei Millionen Franzosen den Sarg des Schriftstellers durch Paris, ohne Fernsehen.

16. Dezember 2017

7. Fakenews. L'exemple de Jésus-Christ.

Ist die Auferstehung Jesu an Ostern, après sa mort le vendredi précédent, eine Fakenews? Zur Erinnerung: Jesus wird öffentlich gekreuzigt. Gaffer und Jünger sahen zu. Ein Mann Namens Josef demanda à Pilate d'emmener le cadavre du crucifié, um ihn zu begraben. Das geschah am Freitag. Er wurde in Anwesenheit von Zeugen begraben.

Le dimanche suivant les femmes qui avaient assisté à l'enterrement de Jésus, begaben sich erneut ans Grab. Ils découvrirent le tombeau vide. Am selben Tag, als ein paar Jünger Jesu auf dem Weg nach Emmaüs unterwegs waren ils croisèrent Jésus, sans le reconnaître. Als sie feststellten, dass der Mann nicht auf dem laufenden war, ils se moquèrent de lui: „Tu es bien le seul homme, à ne pas être informé de la mort de Jésus."

Jesus ließ sie ausreden und sagte: „Was seid ihr doch blind!" Il leur rappela les paroles du prophète sur le Retter qui doit d'abord mourir, um zu seiner „Herrlichkeit" zu gelangen.

Die Jünger kapierten immer noch nicht qu'il s'agissait de leur ami Jésus, aber sie fanden ihn interessant genug, um ihn zum Imbiss einzuladen. Als Jesus ihnen ein Stück Brot reichte, verschwand er. „Da gingen ihnen die Augen auf."

Die Zeugen der Auferstehung trafen weitere Jünger et la même histoire se reproduisit. Les autres disciples wollten es nicht glauben. Jesus stand wieder mitten unter ihnen und les apostropha. „Warum seid ihr so erschrocken?" Er erinnerte sie erneut an die Voraussagen der Propheten et les accompagna sur la route entre Jérusalem et Bethanien. Plötzlich verschwand er erneut.

La suite est connue. Die außergewöhnliche Story wurde in mehrerer Versionen quelques années après les faits niedergeschrieben und ist im Neuen Testament festgelegt. Die Autoren kannten sie durch die mündliche Überlieferungen et les traditions orales étant ce qu'elles sont, les scénaristes des textes appelés évangiles ont bien été obligés d'improviser tout en étant d'accord sur l'essentiel: ein Mann Namens Jesu überlebte den öffentlichen Tod. Die Nachricht fasziniert bis heute.

Die einen sprechen von Fakenews, die Story der Auferstehung sei zwar Hollywoodreif, aber erfunden. Die anderen glauben felsenfest dran. Wie beim Islam waren im Christentum Glaubenskriege keine Seltenheit. Wie sagte Jesu: „Ich bringe euch Frieden."

31. März 2018

8. Les philosophes du Casino. Die Macht der Presse.

Ich befinde mich in Baden-Baden et trouve la ville de plus en plus surprenante. Es soll die Stadt avec le plus grand nombre de millionaires in Deutschland sein aber in der Langgasse Nr. 35 bezahle ich für die Eiskugel 1,20 Euro; in Straßburg zwischen 2 und 3 Euro. Ein Frühstück in der City: ein Croissant oder eine Laugenstange, Butter und Marmelade plus ein Orangensaft 2,80 Euro. Das sind quasi Harz IV-Preise, was den 800 Flüchtlingen, die sich vor Ort versuchen in Deutschland zu integrieren, nur recht sein kann.

Zum Philosophieren bietet die Casino-Stadt einiges. Im Leo in der Hauptstraße lese ich: „Die reinste Form des Wahnsinns ist es, alles beim Alten zu lassen und trotzdem zu hoffen, dass sich etwas ändert." Une phrase qui va plaire à Macron.

Mais le haut lieu de la philosophie se trouve dans le Hintersaal du Kurrestaurant, où se réunissent chaque mercredi um 19 Uhr les professeurs de philosophie à la retraite.

Cette semaine le sujet était le suivant: „Wie kann man sich vor der Macht der Presse schützen?" Die Sanduhr bestimmt gnadenlos die Länge des jeweiligen Beitrages. Il est interdit d'interrompre les Beiträge.

J'ai patienté une heure en écoutant des Beiträge du niveau d'un „café du commerce", wie der Franzose zu den Stammtischgesprächen sagt. Ein Gejammer auf hohem Niveau über Manipulation und Verzerrung der Wirklichkeit, als ob Journalisten alle nur Dünnbrettbohrer wären, die sich keine Mühe geben, korrekt zu berichten.

J'ai fini par faire le ménage en expliquant que, certes, l'objectivité divine n'existait pas, mais qu'ils disposaient tous im demokratischen Deutschland d'une presse multiple qui ne diffusait pas uniquement des Fake News et dass die Journalisten nicht zwangsläufig ihre persönliche Meinung vertreten.

Da ich die Sanduhr nicht respektierte, entflammte ein heilloses Durcheinander. Es ging plötzlich nicht mehr um das Thema Pressemacht, sondern nur noch um die Sanduhr „Ich bin dran!" „Sie haben noch nicht das Wort!"

Zu mir: „Bevor Sie das Wort ergriffen haben verlief der Abend in geordneten Bahnen!" Je présente mes humbles excuses aux philosophes du casino, que j'ai visité nach dem Streit mit den Philosophen, ohne dass es mir gelungen ist, die Bank so leicht wie die Philosophenrunde zu sprengen.

21. April 2018

VIII. Europa – Europe.

1. Europa trotz allem. L'Europe envers et contre tout.

Die Franzosen sind bekanntlich Europapessimisten et abusent des antidépresseurs, das eine hat vielleicht mit dem anderen zu tun. Mais cette semaine l'Europe a repris des couleurs et les étoiles ont retrouvé le sourire. Im Europapark in Rust haben sich 4.000 deutsche und französische Schüler getroffen pour travailler en chantant autour de l'oeuvre de Tomi Ungerer. L'Alsacien casse-frontières, der schon immer Kopfgrenzen gesprengt hat avec son crayon multicolore n'épargne aucun patr'idiot. 50 badische und 50 elsässische Schulklassen waren dabei, eigentlich haben nur die Pfälzer und Saarländer gefehlt. Tomi était également absent, mais à son âge on lui pardonne facilement.

Je pense à mon ami Umbert Eco. Il écrit in *Schüsse mit Emfangsbescheinigungen:* „Erasmus würde sich nicht nur intellektuell, sondern auch sexuell, oder, wenn man so will, genetisch auszahlen." Claire de Sélestat et Rudi de Waldkirch haben sich sans hésiter ewige Liebe geschworen: „Je t'aime, ich liebe dich", genau in dem Augenblick, als sie sich an der Spitze der Achterbahn fanden, avec vue sur les Vosges et la Forêt-Noire.

Martin Schulz, Président du Parlement européen, hat in Strasbourg für Furore gesorgt avec son discours sur l'Europe solidaire. Enfin un Européen de cœur qui arrive à convaincre les foules, dass Europa die Zukunft ist. Im Europaparlament in Straßburg hat die Schauspielerin Bérénice Béjo, Oscarpreisträgerin 2012 für den Film „The Artist", pour l'exception culturelle française plädiert, in diesem Fall könnte man auch pour l'exception européenne sagen. Es handelt sich um den Kampf gegen die amerikanische Filmindustrie, qui ne laisse aucune chance aux productions européennes.

Last but not least, findet ce week-end sur l'île du Rhin, zwischen Alt- und Neubreisach, la fête de l'amitié franco-allemande statt. Genau dort, wo Martin Heidegger in hiver 1945 noch glaubte, das „deutsche" Elsass verteidigen zu müssen.

Une manifestation populaire, inklusive le défilé de la brigade franco-allemande, wobei auch Gegner der Brigade erwartet werden, qui ont oublié que la guerre est terminée et que les soldats français et allemands nur noch Hochwasser bekämpfen. Je rêve. Tomi Ungerer ist auch wieder dabei avec sa roue de l'énergie qui amuse les jeunes et les vieux.

15. Juni 2013

2. Vor den Europawahlen. Tour d'horizon européen.

Meine Mitbürger gehen mir aus die Nerven. Le journal „Le Monde" annonce: „Le projet européen n'est plus majoritaire en France. Seul 39 % des Français jugent que l'Union européenne est une bonne chose." Wie ist sowas möglich?

J'habite sur l'ancienne frontière franco-allemande. Das Münstertal war zwischen 1914 und 1918 un cimetière. Aus dem Kriegshof wurde ein Paradies, grâce à l'Union européenne. Die elsässischen Politiker bleiben mucksmäusenstill. Aucun n'arrive à élever sa voix pour contredire les Europhobes, en imitant Daniel-Cohn Bendit, qui a écrit un manifeste avec l'ancien Premier ministre belge Guy Verhofstadt: *Für Europa*. Hanser Verlag.

„Trau dich wieder, europäisch zu denken. Rechne ihnen vor, was eine Rückkehr zum Nationalismus bedeuten würde. Blamiere diejenigen, die Europa nur als lose Ansammlung alter Vaterländer betrachten." J'ai également lu : *Pourquoi et comment l'Europe restera le coeur du monde. Petit traité d'optimisme,* de Jean Dominique Guiliani (éditions Lignes Repères). Der Präsident de la Robert Schuman-Stiftung est un exemple vivant des modernen Europäers: famille multilingue. Schließlich darf man Bernard Guetta, chroniqueur géopolitique des Radiosenders France Inter, nicht vergessen. *Intime conviction* ist ein leidenschaftliches Plädoyer gegen die Euromeckerer (Edition du Seuil).

De temps en temps les journaux donnent la parole aux étudiants, die sich dank Erasmus, le modèle européen d'échanges culturels, kennengelernt haben. Viel weniger redet man über den Austausch in der beruflichen Bildung, dont le secrétariat franco-allemand a depuis 1980 son Siège à Saarbrücken. Sage und schreibe 80.000 Azubis haben davon profitiert. L'échange bénéficie d'un accompagnement linguistique pour permettre une plongée plus approfondie dans la culture du voisin. Boulanger, Kellner, tourneur, mécanicien, Friseuse, – c'est toute une population européenne qui émerge à la suite de ces stages. Un succès spectaculaire (www.dfs-sfa.org).

Ich befinde mich im Augenblick in Vidin, Bulgarien, sur les rives du Danube, chez Pauline et Joro, aus Trotz contre les Eurosceptiques. Ich verzehre eine Gurkensuppe, Martin Schulz und Rivale Jean-Claude Junker lächeln mir zu.

Dobro ûtro.

24. Mai 2014

3. Die Fahne als Tischdecke. Le drapeau comme nappe de table.

Wenn Bergsteiger den höchsten Berg der Welt erreichen, fällt ihnen nichts Besseres ein, als die Fahne ihres Landes ins ewige Eis zu stecken. Ausgerechnet sur le toit du monde, wo Grenzen unsichtbar sind, les hommes éprouvent le besoin de déployer un drapeau national.

Das Thema Fahne ist in Frankreich aktuell. Pourquoi? Parce que Jean-Luc Mélenchon, Deutschenfresser und Chef der Linken, ne supporte pas de voir le drapeau européen neben der Trikolore in der Assemblée nationale in Paris. Er hasst die europäische Union. Pustekuchen. Emmanuel Macron denkt nicht daran le drapeau européen zu entfernen.

Das Buch von Robert Menasse, *Die Hauptstadt*, Preis des deutschen Buchhandels 2017, ist noch nicht ins Französische übersetzt. Le professeur Alois Erhart propose Auschwitz comme nouvelle capitale européenne. Mal schauen wie Mélenchon reagieren wird.

Ich habe ihm ein Bild geschickt: le drapeau européen qui flotte im Grödnertal, Südtirol, devant l'auberge Utia Resciesa, avec vue sur les pics des Dolomites, die in den Himmel ragen, als ob Giacometti sie geschaffen hätte.

Pas de drapeau national, Italien ou autrichien, mais allein die blaue Fahne mit den gelben Sternen, en solo: das ist Europa. Außerdem ist die Region dreisprachig. „Ich bin ein einfacher Bauer, habe nicht studiert, aber ich spreche Deutsch, Italienisch, Ladinisch", sagte mir der Bürgermeister von Sankt Ulrich-Ortisei-Val Gardena.

Die Elsässer haben auch so ihre Probleme mit der Fahne. Dans mon village certains citoyens lassen die Trikolore ganzjährig an der Hauswand hängen et votent le Front National tout en franchissant tous les jours la frontière, um in Deutschland zu arbeiten.

Die historische Fahne der Elsässer ist rot un wiss, rouge et blanc. De peur vor katalanischen Verhältnissen haben wir sie depuis longtemps im Speicher de la mémoire versteckt. Das Elsass ist ja in der Region Grand-Est einverleibt qui n'a pas encore de drapeau.

Oma Caroline hat mir eines nahegebracht: die Fahne als Tischdecke. „Wir brauchen keine Patr'idioten, nur Europäer. Patriotismus führt zum Nationalismus und Nationalismus zum Krieg", sagte schon Albert Schweitzer. Ich hoffe, dass monsieur le Président bald seinen Hund Nemo mit den gelben Europasternen tätowiert.

28. Oktober 2017

4. Einführung nach Europa. Memento pour les Européens frileux.

Es gibt nicht viele deutsch-französische Bücher, die mich förmlich vom Hocker gerissen haben, mais les miracles existent. Rainer Ehrt aus Kleinmachnow, satirischer Zeichner à la Honoré Daumier et Gustave Doré, hat sich mit dem Schriftsteller Manfred Hammes aus Lahr zusammengetan, um das Buch *Rencontres-Begegnungen* zu gestalten. Editions du Signe. Strasbourg. 20 Euro.

Ein furioses Panorama der deutsch-französischen Beziehungen qui nous fait découvrir les couples franco-allemands comme une utopie imparfaite.

Die „herzliche Feindschaft" zwischen Karl Lagerfeld und Yves Saint Laurent, beide Kaiser der „haute" sowie der „petite" couture. Ou bien les perfides amabilités, les „boshaften Liebenswürdigkeiten" zwischen dem Alten Fritz und François de Voltaire. Mais également l'amitié indéfectible de Cocteau avec Arno Breker, dont Hitler adorait la vision nordique de l'homme, ja „eine Freundschaft unter braunen Schatten".

Paris-Sanary-Los Angeles: rencontre au sommet de l'esprit allemand et de ses esprits éclairés. La famille des exilés du nazisme, mitten im Gruppenbild entdecke ich René Schickele, der vom „geistigen Elsässertum" schwärmte und schon vor 1933 von Hitler als „Vaterlandsverräter" beschimpft wurde.

Tomi Ungerer freilich qui fit sauter les Kopfgrenzen de toute une génération. L'auteur Hammes évoque les erotische Zeichnungen im Hexen-Zimmer des Restaurants „Chez Philippe" im elsässischen Blaesheim. Ich sehe heute noch vor mir die pfälzischen Weinspezialisten qui ont découvert le Kamasutra der Frösche lors d'une Weinbegegnung franco-allemande. „Das darf ich meiner Frau nicht zeigen", avait commenté un vigneron connu de la Pfalz. „Warum nicht?", lui avait demandé un alsacien bilingue. „Die sperrt mich ein!"

Près de quarante rencontres sont décrites avec finesse par Manfred Hammes, également auteur de livres sur le sud de la France. L'originalité du livre est le débordement graphique des dessins de Rainer Ehrt. Er verlängert sozusagen die Sätze des zweisprachigen Textes des Schriftstellers. Sie umarmen sich gegenseitig und führen uns nach Europa, wie „einst Zeus in Gestalt eines Stieres die phönizische Tochter Europa entführte." Chapeau bas, Hut ab.

14. Dezsember 2019

IX. Migranten – Nous sommes tous des migrants.

1. Dichterin auf der Flucht: Hilde Domin. Une poétesse réfugiée.

Dichter haben mich schon immer fasziniert. Sie schnippen Wörter aus unserer Seele und plötzlich öffnet sich die Welt. Alors que les écrivains prosateurs doivent écrire un livre, um uns eine Geschichte zu erzählen, les poètes se contentent souvent d'un mot ou d'une phrase: „Ich bin eine bunte Topographie."

Marion Tauschwitz hat eine Biographie von Hilde Domin geschrieben: *Dass ich sein kann wie ich bin.* Une biographie parle de la vie concrète d'un auteur, sie beschreibt das Dasein der Dichterin, sur presque 600 pages. Eine Fundgrube pour les amoureux de la poésie.

Comme pour beaucoup d'écrivains allemands confrontés à la montée du nazisme, war die Flucht der Weg pour survivre: *Trage mich wenn es hell wird an einen gütigen Strand.* Flüchten musste Hilde Domin oft, von Deutschland, nach Italien, nach England, nach Santo Domingo, sie schaffte das Überleben immer wieder, la valise pleine de mots. Marion Tauschwitz führt uns dans le grenier de son imagination.

Nach dem Krieg landete die Dichterin à nouveau in Deutschland: Heidelberg. Dort erinnerte sie sich immer, lorsque les demandeurs d'asile se trouvaient devant geschlossenen Türen: *Menschen wie wir unter ihnen / fuhren auf Schiffen hin und her / und konnten nirgends landen / Menschen wie wir unter ihnen / durften nicht bleiben / und konnten nicht gehen / Menschen wie wir unter ihnen / standen an fremden Küsten / um Verzeihung bittend, dass es uns gab.*

Bis ins hohe Alter war sie beweglich comme la gazelle biblique que nous découvrons im Hohelied. Sie war schon über 90 als ihr sogar die Flucht aus einem brennenden Hotel en Bavière im Nachthemd gelang. Später wurde ihr ein Sturz im Alleingang zum Verhängnis, mais cela arrive également à un jeune de vingt ans.

Wir sind Fremde / Von Insel / Zu Insel / Aber am Mittag, wenn uns das Meer / Bis ins Bett steigt / Und die Vergangenheit / Wie Kielwasser / An unseren Fersen abläuft / Und das tote Meerkraut am Strand / Zu goldenen Bäumen wird / dann hält uns kein Netz / der Erinnerung mehr / Wir gleiten hinaus / und die abgesteckten Meerestraßen der Fischer / und die Tiefenkarten / gelten nicht für uns.

15. Juli 2009

2. Der Schuh qui ressemble à un papillon.

Es gibt bekanntlich Bilder, qui racontent une histoire besser als tausend Worte. Une chaussure hängt im Stacheldraht. A qui appartient der Schuh? „Blieb im Stacheldraht zurück: der Schuh", explique la légende de la photo. Es handelt sich um einen Flüchtlingsschuh, geknipst an der Grenze zwischen Marokko und Melilla, spanisches Territorium auf afrikanischem Boden. Dennoch tauchen eine Menge Fragen auf.

A qui appartient la chaussure? Wo befindet sich der Besitzer des Schuhs? S'agit-il d'une femme, d'un homme, d'un enfant? Der Schuh ist mit Blumenmotiven bemalt. Vielleicht sind es auch Stofffetzen qui y collent, grâce au Blut, das wie Klebstoff wirkt. Le Flüchtling s'est-il blessé en traversant les fils des barbelés? Combien de kilomètres ist der Schuh gewandert? Schuhgröße? Höchstens 36. Doch ein Kind? Oder eine Frau?

Der Stacheldraht sieht aus wie eine Partitur. Il est décoré de petits papillons. Mais les ailes der Schmetterlinge sind messerscharf. Dennoch gibt das Foto l'impression que la chaussure vole, getragen von Schmetterlingen.

Wo ist der zweite Schuh geblieben? Est-il resté accroché anderswo dans le mur des barbelés? Le propriétaire est-il sur le chemin de retour in der Wüste? Geht er mit einem Schuh oder hat er einen zweiten Schuh gefunden? Marche-t-il barfuß? Wartet er peut-être auf den bergigen Höhen, gegenüber von Melilla, pour tenter sa chance une seconde fois?

Eins ist sicher. Le ou la propriétaire de la chaussure träumte von Europa, d'une vie meilleure. „l'Europe connait la situation en Afrique, elle ne va pas nous renvoyer chez nous", sagte ein Flüchtling in die Kamera. Il s'est trompé. Europa weiß alles, aber will nichts wissen. C'est la logique de la peur et de l'égoïsme.

Überraschend viele Flüchtlinge sprechen sehr gut Französisch, besser als manche Elsässer. Kein Sprachproblem. La condition de l'intégration est remplie. Worauf wartet Nicolas Sarkozy, Innenminister de la République française noch, pour les accueillir à bras ouverts?

14. Oktober 2005

3. Es lebe die Zigeunermusik. Vive la musique tsigane.

Monsieur le Président Nicolas Sarkozy kehrt bekanntlich ohne Hemmungen mit dem ethnischen Besen. Heute sind les „Roms" dran, comme l'on désigne en France les Sinti et Roma. Wie wir erfahren haben, même le pape Benoît XVI. hat sich aufgeregt, und das will was heißen. Gut, vielleicht hat der Papst ihm noch nicht verziehen, d'avoir pianoté sur son Handy, durant une audience privée au Vatican. Damals war er frisch verliebt in Carla.

Le père Arthur, Priester in Nordfrankreich, lui a renvoyé ses médailles, um gegen die brutale Ausweisung zu protestieren. Pensez-donc, pour faire peur aux gitans, les femmes sont séparées des hommes während der Räumung des Lagers. Der Priester hat Sarkozy einen Herzinfarkt gewünscht. Als Christ darf man auch seinem schlimmsten Gegner den Tod nicht wünschen.

Alles wäre anders gekommen, wenn Nicolas die Biographie de son papa gelesen hätte: *Tant de vie.* Vater Sarkozy schreibt in seinen Memoiren, wie er allein und verloren aus Ungarn in Paris ankam: „Sans un sou, les pieds protégés par des chiffons tenus par de la ficelle." Weiter lobt er die tsiganes als fahrendes Volk und erwähnt die Tragödie der Sinti und Roma während der Nazizeit. Lorsque papa Sarkozy s'est marié mit Andrée in einem ungarischen Lokal, war ein Zigeuner-Orchester anwesend und wickelte das Liebespaar in Zigeunermusik ein. Nicolas a été conçu au son de la musique gitane.

Les Gitans forment le seul peuple européen, das keinen Krieg führte, um ein Stück Boden zu erobern, qu'il aurait déclaré sacré und unantastbar.

Aber vielleicht sitzt das Problem vom kleinen Nicolas noch tiefer. Seine zweite Frau, Cécilia, hieß mit Mädchenname Ciganer, Zigeuner. Klarer Fall. Nicolas muss sur le divan. Je pense que son comportement inhumain s'explique par une späte Rache für eine verlorene Liebe. Il en veut à ce peuple parce que Cécilia lui a préféré un autre homme.

So etwas passiert oft. Es ist nur schlimm, si un Président de la République des Droits de l'homme seinen Frust so tragisch umsetzt. „Une tâche de honte", kommentierte Rivale Dominique de Villepin, ex-Premier ministre, in der Zeitung „Le Monde".

28. August 2010

4. Asyl in Frankreich und in Deutschland. Comparaisons.

Als Franzose il est difficile de ne pas avoir honte, wenn man über den Rhein nach Deutschland schaut. Bei uns redet monsieur le Président von 24.000 Migranten, que la France accueillera en deux ans, alors que madame la Chancelière bereit ist, d'accepter allein en 2015 presque un million de Flüchtlinge.

Bon, on ne va pas se chamailler sur les chiffres, aber die Zahlenkluft zwischen Frankreich und Deutschland, in Sachen Flüchtlinge, ist auch eine Seelenkluft. Le mercredi 9 septembre sind 200 Syrier in Paris im Bus aus München eingetroffen. Le Président aurait pu les héberger ohne Problem im Garten des Elysée-Palastes wo am Nationalfeiertag, le 14 juillet, 5.000 Gäste reinpassen.

Am vergangenen Dienstag, le 8 septembre, fand im Château, comme on nomme le Palais de l'Elysée, die sechste Pressekonferenz de monsieur Hollande statt, depuis son élection en mai 2012. Er sagte 168 Mal „Je", son pronom personnel préféré. Monsieur le Président hat der Welt mitgeteilt que la France est le pays de la Déclaration des droits de l'homme et du citoyen, donc nous sommes prêts à accueillir les réfugiés. Enfin … quelques uns. Le Président panique. Il a tout simplement peur de perdre les élections en 2017, wenn er sein Herz öffnet.

Im rechten politischen Spektrum donnert Marine Le Pen gegen die Migranten, da kann man sich nur fragen si elle a encore toute sa tête: alle raus, Grenzen zu. Bei Nicolas Sarkozy sieht es nicht besser aus. Il oublie qu'il a déclenché une guerre en Libye, transformant le pays en corridor pour tous les migrants africains. Aujourd'hui will er dort des „centres de rétention" bauen lassen, also ungarische Verhältnisse.

Am letzten Wochenende hat sich seine Partei, les Républicains, in La Baule an der Atlantikküste versammelt. Er machte sich über Hollande lustig, qui venait d'annoncer que l'aviation tricolore allait survoler la Syrie, um die Terroristen ausfindig zu machen. Sarko erklärte seine Philosophie: „La guerre totale, seulement la guerre totale, wird was bringen."

Der Begriff guerre totale, totaler Krieg, wurde das letzte Mal von Goebbels benutzt, im Berliner Sportpalast, am 18. Februar 1943, als er seine Anhänger fragte: „Wollt ihr den totalen Krieg?" Ils répondirent oui avec enthousiasme.

On a les références qu'on peut, sagt man auf Französisch.

12. September 2015

5. Die Matratze. L'homme qui s'est caché dans un matelas.

Wahrscheinlich haben Sie das Bild auch gesehen: ein Auto mit zwei Matratzen auf dem Dach, à la frontière entre le Maroc et l'Espagne, à Mellila. Les douaniers zerschneiden le matelas und ein Migrant aus Afrika steigt aus.

Mir ist sofort ein Freund eingefallen, der versteckt im ausgebauten Kofferraum in Berlin die damalige DDR verlassen hat. Après la Wiedervereinigung il est retourné vivre dans son ancienne Heimat. Seine Nachbarn regen sich heute auf, wenn Menschen sich in Matratzen verstecken pour fuir la misère.

Als ich vor zwanzig Jahren sechs Flüchtlingsfamilien in Munster beobachtete, schrieb ich ein Buch darüber. Auf seinem Cover steht: „Accrochés aux trains d'atterrissage des avions, cachés dans les camions, coincés sous les TGV, entassés dans des navires pourris, des millions d'hommes et de femmes s'apprêtent à rejoindre nos villes et nos villages ... Nous n'avons pas la moindre chance de les en empêcher tant que le fossé entre les pays riches et les pays pauvres s'approfondit ...“

Genau so ist es. Les scénarios se reproduisent régulièrement. Nichts Neues unter der Sonne.

Beim Übergang ins neue Jahr gab es in Paris eine Multimedia-Show auf den Champs-Elysées. Die Bilder wurden auf den Arc de Triomphe projiziert, ein nationales Heiligtum qui avait été vandalisé il y a quelques semaines par les Gelbwesten.

Le message de la Déclaration des droits de l'homme war von den 300.000 Anwesenden gut zu lesen. Jeder Mensch hat Anspruch auf ein würdiges Leben. Liberté – égalité – fraternité. Mit gutem Gewissen haben wir die Botschaft gelesen ... und in der folgenden Champagnerlaune vergessen.

In Paris, nicht weit von den Champs-Elysées entfernt, hausieren weiterhin tausende von Migranten unter Brücken. Es ist eindeutig que le gouvernement ferme les yeux pour ne pas donner envie aux pauvres de la terre de rejoindre notre beau pays.

Malgré les difficultés l'Allemagne n'a jamais laissé les migrants à la rue comme les Français, certains Français, denn nicht alle schließen die Augen. Les élections européennes approchent. Je suis curieux de voir si les Européens vont se réveiller ou continuer à fermer leurs yeux et leurs cœurs.

5. Januar 2019

6. Quoten ou Quotas. Un mot qui donne le vertige.

Quotas auf Französisch, Quoten auf Deutsch, ein magisches Wort zum Thema Einwanderung, es lauert wie ein schlafender Vulkan, plötzlich ist es wieder in aller Munde und breitet sich aus wie die Lava du volcan.

So in Frankreich heute. Nach wochenlangen Diskussionen über das Kopftuch der muslimischen Frauen, il est à présent question d'immigration, depuis que le Président Macron a décidé d'en parler ouvertement, obwohl auch dieses Wort „immigration" mit einem schlafenden Vulkan zu vergleichen ist.

Ja, kaum hatten die Umfragen bekannt gegeben, dass die Frage nach den Migranten sich an vierter Stelle de la préoccupation des Français befindet, hinter der Gesundheit, schubste monsieur le Président die Frage wieder ganz nach vorne auf der Skala der Bedürfnisse qui agitent le peuple. Angefeuert hat er le débat mit einem Interview pour un magazine d'extrême droite „Valeurs actuelles". Justification: „Il faut parler à tous les Français."

Immer wieder wirkt le Président als Alleinherrscher. Hollande war der König des Personalpronomens, 183 Mal „Je" innerhalb von 30 Minuten. Macron ist der Kaiser: 7 Mal „Je" in einem einzigen Satz. „Je porte l'idée ... » Wortwörtlich „Ich trage die Idee ...» Die Abgeordneten haben kaum was zu melden.

Heute ist er pour les quotas, um Arbeitskräfte nach Frankreich zu holen. Avant son élection il était contre les quotas. Genauso Premier Edouard Philippe. Die Abgeordneten seiner Partei sind sich nicht einig, auch die Minister sind sich uneins, une fois il s'agit de Quoten pro Herkunftsland, einmal pro Berufe.

Migranten ohne Aufenthaltsgenehmigung soll der Zugang zur Krankenbehandlung erst nach trois mois gewährt werden, période de carence auf Französisch. Unmenschlicher geht es nicht, aber Marine le Pen, Chefin der rechtsextremen Partei Le rassemblement national freut sich. Sie will ja alle Migranten ablehnen.

Stichwort Quoten: les ostréiculteurs, die Austernzüchter, finden keine Franzosen pour préparer les huîtres für die Feiertage. Zu anstrengend. Sie haben ihr Glück in Polen gefunden. Polnische Gastarbeiter retten 2019 die französischen Feiertage. Das ist Europa.

9. November 2019

X. Geschichte – Histoire

1. Ein Wunder. Un miracle franco-allemand.

Das Wunder ist vollbracht, je ne rêve pas, ich halte das erste deutsch-französische Geschichtsbuch seit Jesus-Christus in der Hand: *Histoire/Geschichte, l'Europe et le monde depuis 1945.*

Vor 61 Jahren kapitulierte das Dritte Reich. Aujourd'hui les élèves, français et allemands, partagent le même livre d'histoire. Alles hatte mit der Sause in Versailles begonnen, als das deutsche und das französische Parlament en janvier 2003 den Elysée-Vertrag, signé par Charles de Gaulle et Konrad Adenauer en 1963, feierten. Jacques et Gerd lancèrent l'idée d'un livre d'histoire für die Schüler beider Nationen, trois années plus tard ist das Werk schon vorhanden.

Gut, die Franzosen sont ausnahmsweise un peu plus rapides, das Opus ist seit dem 4. Mai en librairie. Les Allemands, fédéralisme oblige, doivent attendre le 10 juillet 2006. Das Buch muss noch durch die 16 Kultusministermautstellen geboxt werden, vielleicht will ein Besserwisser noch une virgule ändern. Wenn noch Änderungen möglich sein sollten, je propose d'améliorer la couverture. Die könnte attraktiver sein. Le titre allemand *Geschichte* ist kaum lesbar. Il manque une photo de jeunes auf dem Cover. Avis aux amateurs.

Zehn Historiker aus Frankreich und Deutschland haben le miracle zustande gebracht. Les dix professeurs se sont bagarrés pour la Vérité avec un grand V, aber sie haben es geschafft, die Geschichte gemeinsam zu interpretieren: félicitations! „Le plus difficile n'a pas été den Holocaust oder Vichy zu werten", behauptet Professor Guillaume Le Quintrec in „Le Monde", mais d'analyser les relations des deux pays mit den USA. Die Verlage Nathan und Klett haben das Wunder vollbracht.

Angela hat es gerade noch geschafft hineinzurutschen. Bravo.

Ein Modell für Polen und Deutsche, Israelis und Palästinenser, Serben und Kosovaren, Schotten und Engländer, Iren und Briten, Katalanen und Spanier, Türken und Kurden, Armenier und Aserbaidschaner.

12. Mai 2006

2. Rütlischwur im Münstertal. Vive la République des marcaires.

Je n'avais jamais entendu parler de Karl Emil Franzos, originaire de Czortkow in der heutigen Ukraine. Der Name hört sich wie ein Witz an, mais il ne s'agit pas d'une blague. Le journaliste écrivain juif se nomme bien Franzos. Il a fait une Elsass-Reise in 1903. Er besuchte Straßburg und ausgerechnet das Münstertal, wo ich lebe. Il décrit avec minutie das Leben im damaligen deutschen Elsass. Die Bourgeoisie ärgerte gern die preußischen Beamten en parlant français, aber das Volk sprach Elsässisch. A Strasbourg les Alsaciennes s'habillaient mieux que les femmes allemandes.

Spannend wird son histoire du Münstertal. Kaum bekannt ist die Rebellion des paysans de la vallée contre les Parisiens, als das Elsass im 17. und 18. Jahrhundert französisch wurde. Die Bergbauern wehrten sich avec force gegen die Besserwisser aus Paris. Beim lac du Forlet, auch lac des truites genannt, trafen sich die Melker im Sommer 1716 für den elsässischen Rütlischwur.

„Hier versammelten sich in einer mondhellen Herbstnacht Abgesandte der neun Dörfer im Tal und schworen auf die Bibel, die alte Ordnung und Obrigkeit im Tal herzustellen", écrit K. E. Franzos. Le lac des truites in Soultzeren ist der schönste See im Elsass. Ein beliebtes Urlaubziel avec un petit plongeon im kalten Bergwasser à la clé.

Par la vieille Ordnung il faut comprendre une démocratie populaire et paysanne à la Suisse, was der König überhaupt nicht mochte. Sie schmissen die Soldaten aus dem Tal. Mais le gouvernement des rebelles ne dura que quatre jours. L'armée royale eroberte erneut das Tal und sie landeten in Straßburg im Gefängnis.

Zwei Generationen später les montagnards se rebellèrent à nouveau und machten sich auf den Weg nach Paris. Sie wurden unterwegs festgenommen und landeten in Rochefort im Gefängnis.

Die Einwohner von Soultzeren galten als Anstifter der Rebellion. Encore de nos jours ils ont le surnom de „Psalterer", qui chantent les psaumes jour et nuit. Heute singen sie auf Französisch und haben ihre eigene Geschichte vergessen. Beaucoup trop d'électeurs votent pour l'extrême droite. Das Gedächtnis der Völker ist ein Komet. Karl Emil Franzos permet de retrouver les traces d'une histoire perdue. Verlag Hohesufer.com: *Aus den Vogesen.*

25. Juni 2011

3. Schwierige Versöhnung. Oradour-sur-Glane.

Die Tat ist bekannt, le 10 juin 1944, la compagnie „Der Führer", de la 2. Panzer-division der Waffen-SS „Das Reich", massacrait 642 Einwohner, femmes et enfants compris, du petit village Oradour-sur-Glane im Limousin (Zentral-frankreich). Warum das Massaker stattfand ist nie geklärt worden. Rache pour l'attaque des partisans à Tulle, 110 km entfernt? Acte de folie, en réaction à l'invasion des alliés en Normandie, ein paar Tage zuvor, le 6 juin? Fest steht que les officiers responsables nie nach Frankreich ausgeliefert wurden und im eigenen Bett starben.

Überraschend ist jedenfalls, que Joachim Gauck soit le premier Spitzenpolitiker allemand à s'être rendu à Oradour seit Kriegsende. Ich habe nie gezweifelt que le Président-pasteur trouvera les mots et les gestes justes, um an die Mordtat zu erinnern.

Vierzehn Elsässer waren dabei. Ein Freiwilliger und 13 Zwangsrekrutierte jeunes Alsaciens. Ab 1942 wurden die jungen Elsässer in die Wehmacht zwangs-rekrutiert, auch wenn sie 1939-1940 in französischer Uniform gekämpft hat-ten, comme mon père. A partir de 1944, ils ont également été recrutés dans la Waffen-SS. S'ils refusaient, wurde die Familie ins Reich deportiert.

Bei den Gerichtsverhandlungen 1953 in Bordeaux, wurde der Freiwillige parmi les Alsaciens zum Tode verurteilt, die 13 Malgré-nous (gegen ihren Willen) zu langen Haftstrafen. Das ganze Elsass ging damals auf die Straße. Die 13 Malgré-nous ont fait l'objet d'une amnestie.

Dies haben die Franzosen aus der betroffenen Region Limousin der französi-schen Justiz nie verziehen. Auch der Überlebende Robert Hébras nicht, qui offrit un trio de réconciliation aux caméras avec les deux Présidents: Hollande et Gauck. Aber er glaubt nicht an die Zwangsrekrutierung der Elsässer, comme beaucoup de mes compatriotes. Die Franzosen kennen die Geschichte des Elsass nicht. Ils pensent, dass die Elsässer freiwillig mitgemacht haben, sie sind doch halbe Deutsche. Dennoch hat François Hollande in seiner Rede die Zwangsrek-rutierung erwähnt. Félicitations.

Pour savoir plus über Oradour: *Oradour, the Final Verdict* von Douglas W. Hawes. *Oradour, le verdict final* en français (éditions du Seuil), pas encore traduit en allemand.

7. September 2013

4. Ein Satz und seine Folgen. Une phrase et ses conséquences.

Richard von Weizsäcker habe ich 1984 im Schloss Bellevue besucht. Damals drehte ich einen Film über Philip Potter, le Cassius Clay des théologiens, wie die Presse ihn nannte. Il était le premier Noir, originaire de la Jamaïque, à occuper la fonction de secrétaire général du Conseil œcuménique des églises, mit Sitz in Genf, also der Papst der 400 Millionen Protestanten in der Welt, sans le pouvoir du pape catholique bien sûr.

Der damalige Bundespräsident, engagierter Protestant, mischte mit et faisait partie des instances du World Council of Churches, créé à Amsterdam en 1948. Potter sorgte für Schlagzeilen, unter anderem parce qu'il avait demandé aux chrétiens allemands de boycotter deux banques allemandes, die mit Südafrika – noch saß Mandela im Gefängnis – Geschäfte machten. Richard von Weizsäcker glättete die Wogen comme toujours.

Am 8. Mai 1985 sorgte er selber für mediale Aufregung, lorsqu'il affirma que le 8 mai 1945 pouvait être compris als Tag der Befreiung vom Nationalsozialismus. La fameuse phrase me poursuit jusque dans la vallée de Munster, heute noch. Karl (Vorname geändert), voisin allemand, lud mich zu einem Glas Wein ein. Ich hatte den berühmten Satz in einem Buch zitiert.

Il me dit: „Herr Graff, Sie schreiben, dass der 8. Mai als Tag der Befreiung zu verstehen ist. Da bin ich nicht einverstanden. Wir wissen ja nicht, was passiert wäre, wenn die Wehrmacht den Krieg nicht verloren hätte." J'ai gentiment expliqué à Karl que j'avais cité son propre Président de la Bundesrepublik und dass wir bestimmt nicht zusammen bei einem Glas Wein sitzen würden, si les Nazis avaient gagné la guerre.

Daraufhin schrieb ich in einem weiteren Buch: „Es gibt Deutsche, die Deutschland selbst nie verstehen werden. Wie sollen sie dann das Elsass und die Elsässer verstehen?"

Il y a quelques semaines warf mir die Tochter von Karl, en larmes, meinen Kommentar vor. Der Vater liebe doch das Elsass und die Elsässer schon immer.

Offensichtlich hatte die Tochter von Karl les discours de Joachim Gauck, Frank-Walter Steinmeier, Antje Vollmer et Wolfgang Schäuble nicht gehört. Sie hatten alle den berühmten Satz über die Bedeutung des 8. Mai 1945 lors des funérailles de l'ancien Président im Berliner Dom hervorgehoben.

14. Februar 2015

5. Eastern rising. La révolution incomplète.

Wenn Sie heute Dublin besuchen, kommen Sie nicht drumherum: die Jahreszahl 1916, accolé aux deux mots „Eastern Rising", fällt Ihnen überall ins Auge. „We Remember» ist auf jedem Bus zu lesen. Il s'agit du Aufstand des Irlandais contre la couronne britannique. Mitten im Ersten Weltkrieg versuchten die Iren sich von den Briten zu lösen. Pourtant il y a avait de nombreux Irlandais qui combattaient avec les soldats anglais contre l'Allemagne. Der Aufstand ging schief. Dublin lag in Trümmern. Les rebelles furent tués ou se retrouvèrent en prison.

Quelques années plus tard, en 1921, la république d'Irlande a enfin vu le jour. Mais le nord de l'île avec Belfast comme capitale, blieb bei Großbritannien. Wir erinnern uns alle qu'après la Seconde Guerre mondiale Nordirland in Feuer und Flamme aufging bis endlich in den 1990er Jahren la paix triompha.

Das Elsass und Ireland ont de nombreux points communs. Ich bin in Munster geboren et le plus grand comté d'Irlande s'appelle Munster, wo Tomi Ungerer ein Landgut besitzt. Irische Mönche ont fondé im 7. Jahrhundert l'abbaye bénédictine de ma ville natale de Munster.

Ausserdem gab es mehrfach Eastern Rising im Münstertal. Mais les paysans de la vallée, qui avaient fondé une république au 17 siècle, se retrouvèrent en prison à Rochefort comme les rebelles Irlandais dans les prisons anglaises.

Les Alsaciens et les Irlandais défendent leur langue maternelle: le gaélique et l'alsacien. Mais l'alsacien comme le gaélique sont parlés par une petite minorité de la population. Le gaélique, irish, est même la langue officielle de l'Irlande.

Ich bin unterwegs mit Till Mette, Cartoonist beim Stern. Gestern waren wir in der deutsch-französischen St. Kilian's Schule, Eurocampus genannt. Alles von der deutschen und französischen Botschaft, vom Goethe-Institut und vom Institut Français organisiert. Le couple franco-allemand en pleine action de sauvetage culturel de l'Europe.

Gael m'a traduit mon poème *Hänge deine Wurzeln an die Luft* en gaélique :

Chroch do fhraobhacha on speir / agus drepodh trid na realtai. Merci.

28. April 2016

6. Polnisches Gedächtnis. Que savons-nous de la Pologne?

Was wissen wir über Polen? La machine à mémoire est souvent grippée. Die Trennung der Erinnerungen se fait en fonction de sa propre existence: Täter oder Opfer, manchmal beides in einer Generation. Die Nacht des Gedächtnisses est souvent une nuit sans étoiles. Qui se souvient, dass der sächsische Herzog August der Starke König von Polen war? Que l'on prêchait en allemand dans la Marienkirche à Cracovie? Wer erinnert sich, dass die Polen im 13. Jahrhundert l'invasion mongole de l'Occident stoppten? Später die Türken vor Wien ausbremsten? Que les Juifs ont rejoint la Pologne pour fuir les pogromes à l'ouest de l'Europe, avant que les Polonais ne se laissent empoisonner eux-mêmes par l'antisémitisme?

Das Klischee der „polnischen Wirtschaft" des Preußenkönigs hat ausgedient. Ich fahre hin und her entre Cracovie, Bielsko-Biala dans les Beskides et Zakopane dans les Tatras. Da werkelt es an allen Ecken. Alles sauber. Die Kugel Eis oder die Gofri (Waffel) aus hygienischen Gründen mit einem Plastikhandschuh angefasst. „Schildbürger" darf man die Polen nennen, comme autrefois les ex-DDR-Bürger nach der Wende. Werbetafeln so hoch wie das Haus. Parfois geschmacklos: „aborzia zabija" (gegen die Abtreibung) in der Touristenhauptstadt Zakopane. Bilder wie auf den Zigarettenschachteln. Überall auch Europasterne, malgré le conflit avec l'Union européenne.

„Macron beschimpft uns, aber überall lese ich Carrefour, Castorama, Leroy Merlin?", sagt meine polnische Bekannte Julia. Auf dem Rynek (Marktplatz) ist die Buchhandlung, que j'adorais visiter, verschwunden. „Zara" nennt sich das luxuriöse Modegeschäft aus Spanien. „Die Westler kaufen hier ein, weil es billiger ist, aber wir können uns das nicht leisten." Julia est professeur à l'université, Gehalt: 800 Euro.

Das polnische Dilemma mit dem Kapitalismus versteht man am besten auf dem Rynek von Krakow. Weiße Kutschen, schmucke Pferde, eine Kutschenführerin schöner als die andere. Les jeunes femmes vous invitent pour un tour en ville. Vous ne résistez pas. Kaum bezahlt und eingestiegen, un homme s'assoit à côté de la princesse et prend les rênes. Los geht es. Später, nach der Tour, teilt die Frau das Geld mit dem Freier, der wieder verschwindet, bis der nächste Gast anbeißt. Pas très élégant.

7. Juli 2017

7. Tag des Denkmals. Une journée du souvenir en Autriche.

Wenn Sie an der Adria Urlaub machen, haben Sie sich ganz sicher schon über den Stau am Karawanken-Tunnel qui relie l'Autriche et la Slovénie aufgeregt. Der Tunnel wird ewig saniert. Dans ce cas je vous invite à prendre la B-91 à Klagenfurt. Die romantische Bergstraße klettert zum Loiblpass auf 1000 Meter Höhe und führt Sie dann durch den 1542 Meter langen Tunnel auf die Südseite des Gebirges, wo zwar immer wieder Bären anzutreffen sind, mais il s'agit d'ours pacifiques, die sich nur für Bienenstöcke interessieren.

Der Loiblpass-Tunnel wurde zwischen 1943 und 1945 hauptsächlich von französischen Insassen des KZs Mauthausen gebaut. Um die 1650 Gefangene wurden auf slowenischer und österreichischer Seite jeweils in ein Arbeitslager verteilt. Aufgabe: einen Tunnel durch die Karawanken zu bohren. Dreiunddreißig Häftlinge starben vor Ort, des centaines retournèrent à Mauthausen, wo sie umgebracht wurden (*Loibl-Saga* von Peter Gstettner und Erwin Ries. Kitab-Verlag).

Die erhebliche NZ-Vergangenheit Kärntens hat sämtliche Erinnerungskultur jahrelang lahmgelegt. Es dauerte ganze 50 Jahre, bis man sich mit dem Thema beschäftigte. Anders auf der slowenischen Seite, da hatte das damalige Jugoslawien schon dans les années cinquante ein unübersehbares Mahnmal gebaut.

Das erste Mal bin ich auch an allem vorbeigefahren. Cette année je me suis arrêté et un policier m'a informé. Es liegen Steine in Menschenform als Mahnmal im Gras. Ein paar hundert Meter im Wald je trouve quelques traces du Barackenlager. Stahlgiebel erinnern an die Baracken. Une plaque de béton signale la Waschküche. Les historiens du Mauthausen-Komitée Kärnten/Koroska sind sauer et parlent de „Unkenntlichmachung" des Lagers. Noch schlimmer: le Bundesamt explique qu'il s'agit de la „Sarkophagisierung" du Mahnmal. Une expression pour le moins macabre.

Le Mahnmal doit être inauguré samedi 29 septembre, Tag des Denkmals en Autriche. Le Landeshauptmann de Kärnten Peter Kaiser bedauert den Streit, kann aber aus Termingründen nicht bei der umstrittenen Einweihung dabei sein.

Je pense au philosophe Paul Ricoeur qui regrette in Sachen Erinnerung „un trop plein d'oubli et un trop plein de mémoire".

29. September 2018

8. Der Präsident auf Wanderschaft. Pélerinage présidentiel

Emmanuel Macron machte in dieser Woche eine Art geistige Wanderschaft entlang der Frontlinien des Ersten Weltkrieges: „itinérance mémorielle" nennt er seine Erinnerungstour. Ne cherchez pas le mot itinérance dans votre Wörterbuch: gibt es noch nicht als Substantiv, nur als adjektif: une exposition itinérante, eine Wanderaustellung. Mémorielle dagegen finden sie im dictionnaire, kommt von mémoire: Gedächtnis. Hat Brigitte, professeur de français, ihm das Wort in den Mund gelegt? Je pense que oui. Il s'agit de rendre hommage aux victimes de la Grande Guerre, wie der Erste Weltkrieg en France genannt wird, so als ob der Zweite Weltkrieg une „petite guerre" gewesen wäre.

Elf départements besucht er in dieser Woche. Die Reise begann in Straßburg, qui retrouva la France en 1918 après 48 années de présence allemande. Brigitte arbeitete mal als Lehrerin im Elsass. Die Namen der Grenzregion, die er besucht, sind neu depuis le 1er janvier 2016. Le Grand-Est – in der Region löste sich das Elsass auf – und Nordfrankreich, heute Hauts-de-France.

Während seiner Ansprache im Rathaus von Verdun las der Zuschauer im Hintergrund „Choose Grand Est". Eine Anbiederung an die Sprache von Shakespeare. Dafür gab es noch vor ein paar Jahren die Guillotine. Mais Emmanuel donne täglich l'exemple en utilisant des mots que ma mère Marie-Louise, bientôt cent ans, nicht versteht: give box, coworking, open space, helpers, coaching.

Aber was jeder Franzose versteht est le prix de l'essence, der himalaya-artige Gipfel erreicht. Der Benzinpreis ist den citoyens wichtiger als die Feier um das Kriegsende. „L'essence est trop chère", bekommt der Präsident bei jeder Etappe zu hören.

Am 11. November trifft er sich mit Angela im Wald von Compiègne dans la clairière de Rethondes, wo 1918 im Wagon von Maréchal Foch um 6 Uhr morgens das Ende de la Première Guerre mondiale besiegelt wurde. Danach folgt ein Friedens-Apéro mit Donald, Wladimir und 100 anderen Staatsoberhäuptern in Paris.

Hitler hatte übrigens den Wagon aus dem Museum herausholen lassen, um am 22. Juni 1940 am selben Ort die Niederlage Frankreichs zu bestätigen. Et une dernière information: tous les Français ont appris, dass am 11. November in Deutschland die Karnavals-Kampagne beginnt. Passt alles herrlich zusammen. Europa eben.

10. November 2018

XI. „Heimat": Eine / Une utopie.

1. Bin ich Franzose? La recherche du passeport.

Ich schlafe schlecht en ce moment. La raison en est simple. Ich muss bald mon passeport erneuern. Normalerweise ist es einfach, da ich schon einen Pass besitze. Er wird einfach renouvelé, puisque toutes les informations concernant mon identité vorhanden sind. Geburtsdatum, Ort der Geburt etc. Sinon hätte ich ja keinen französischen Pass bekommen! Logisch? Eben nicht! Vielleicht sind meine Angaben ja gefälscht?

In den vergangenen Wochen haben sich eine Reihe von Promis gemeldet, qui ont des problèmes pour renouveler leur passeport. Der Stein des Anstosses ist meistens le fait d'avoir un des parents né hors de France. „Waren Ihre Eltern Franzosen? – Nein, Italiener. – Italiener? Donc vous n'êtes pas français! – Wieso nicht? Meine Eltern leben schon lange in Frankreich und moi-même je suis né en France. – Beweisen Sie es! – Mein Pass beweist es doch! – Nein, beweisen Sie zunächst, dass Ihre Eltern, die nicht in Frankreich geboren sind, la nationalité française erhalten haben. – Sie sind tot. – Nicht mein Problem. Wo sind Ihre Großeltern geboren? Vous ne le savez pas. – Dann gibt es keinen Pass. "

Diese Dialoge sind keine Kabaretteinlagen, sondern Tatsachen. Das bekannteste Opfer ist Anne Sinclair, l'épouse de Dominique Strauss-Kahn, le président der Weltbank – fond monétaire international – mit Sitz in New York. Le père et la mère sont nés hors de France. Wieso? Wenn schon Promis Ärger bekommen, j'imagine facilement, dass unbekannte Bürger noch schlechter dran sind.

Volkslisten sind wieder aktuell. Franzosennachweis statt Ariernachweis. Soudain je me souviens que je suis né le 22 juin 1944, unter deutscher Herrschaft. Also bin ich nicht als Franzose geboren, je suis devenu français après la guerre. Vater war nicht als Franzose geboren, 1912 war das Elsass deutsch. Und Urgroßvater, pas non plus, en 1875, l'Alsace était allemande. Das sieht wirklich nicht gut aus. Wie soll ich beweisen, dass ich Franzose bin?

Diese unglaubliche Entwicklung hat natürlich avec le débat sur la famose identité nationale zu tun, die vom Innenminister, ministre de l'intérieur et de l'immigration et de l'identité nationale, Eric Besson, ausgelöst wurde. Rien n'est simple.

30. Januar 2010

2. Was ist das, Heimat? Un mot intraduisble.

Frankreich hat einen neuen Innenminister, Claude Guéant, der sich nicht mehr wohl fühlt en France parce qu'il y a trop d'étrangers sur le territoire de la République. Er fühlt sich fremd in der eigenen Heimat.

Was wird passieren, wenn er das Elsass besucht? Bestimmt wird er sagen: „En Alsace je ne me sens pas en France!" Das sagen einige Pariser qui nous rendent visite. Die Störche, das Sauerkraut, Fachwerkhäuser, nicht sehr französisch. Sogar monsieur le Président Sarkozy hat das Elsass mit Deutschland verwechselt lorsqu'il nous a rendu visite en janvier 2011.

Schlimmer noch: Wir sprechen eine Sprache, die so fremd klingt. Schon im 18. Jahrhundert stellte monsieur Mange, der Gesandte des Sonnenkönigs, fest: „Les Alsaciens ont le sang épais." Dickes Blut sollen wir haben, deutsches Blut. Das fließt ganz anders als du sang tricolore.

En même temps posaunt die Regierung täglich, dass Frankreich das attraktivste Land des Planeten Erde ist. Des millions de touristes besuchen uns parce que la France est le plus beau pays du monde.

Nur Widersprüche. Monsieur le Président schießt aus allen Rohren pour libérer les peuples de la terre. Einmal befreit, kommen die Befreiten natürlich zu uns, parce que nous sommes le plus beau pays du monde, um unsere Freiheit zu genießen. Stop. Bis hierher und keinen Schritt weiter. Wie sollen das die Afrikaner verstehen?

Ich lese gerade *Zwischenhimmel*, von Stefan Pfaum, *ein Oberrheinisches Tage- und Nachttagebuch* (Drey Verlag). Ich schicke sein Gedicht au ministre de l'intérieur.

In meiner Heimat fragen mich die Freunde: / Warum gehst du nicht weg / In der Fremde fragen mich die Leute: / Wann gehst du zurück?

In meiner Heimat war ich in Gedanken / meist anderswo. / In der Fremde bin ich mit dem Herzen / immer in der Heimat.

In meiner Heimat fragen mich alte Freunde heute: / Wer bist du? / In der Fremde fragen mich die Fremden immer noch: / Woher kommst du?

16. April 2011

3. So ein Käse! Le rôle du fromage en politique.

Vergangene Woche verbrachte ich einen ganzen Tag im Arbeitszimmer von Ernst Bloch. Ich saß auf einer Glasdecke im Ernst-Bloch-Zentrum, Walzmühlstrasse 63 in Ludwigshafen. Die Tübinger Studierstube, où il travailla jusqu'à la fin de sa vie, ist bis ins kleinste Detail nachgebaut: die Lupe, die Brille, die Feder des Philosophen. Je propose au directeur du centre, Dr. Klaus Kufeld, d'installer un Hologramm de Ernst Bloch dans sa chambre, um seine Gegenwart zu verdeutlichen.

Die evangelische Akademie der Pfalz hatte zu einer Tagung über „Die neuen Wirrungen des Nationalismus, zwischen Agonie und Auftrieb" eingeladen. Un sujet d'une actualité brûlante. Überall in der Welt wüten die Patr'Idioten, wie Albert Schweitzer sagen würde.

Plötzlich stand Hanns Stähle vor mir, ein Käsespezialist aus Baden, dont j'avais fait la connaissance lors d'une réunion de spécialistes du fromage – auf Französisch spricht man von „taste fromage" – Käsegenießer – im elsässischen Münstertal. Hanns ist in die Pfalz ausgewandert und hat sich in Burrweiler niedergelassen: Kolonialwaren Lambert. Il est spécialisé dans le Rohmilchkäse.

„Que fais-tu là?", fragte ich Hanns. „Wieso fragst Du so dumm, meinst Du etwa, dass Käse nichts mit Nationalismus zu tun hat. Während des Wiener Kongresses hatte Talleyrand einen Käsewettbewerb organisiert, um die Stimmung zu lockern. Der Brie de Meaux wurde zum Käsekönig erkoren." Il a raison Hanns.

Plötzlich fällt mir der Satz von General de Gaulle wieder ein: „Un pays qui a plus de 258 sortes de fromages est ingouvernable." Friedrich Sieburg spricht von Frankreich als „essbare Landkarte". Außerdem produzieren heute die Deutschen mehr Käsesorten als die Franzosen, une situation nouvelle, mit der auch der neue Bundespräsident Frank-Walter Steinmeier konfrontiert sein wird. Sans oublier le conflit der Ziegenrohmilchkäse-Produzenten aus den Pyrenäen mit Brüssel.

Ich habe sofort Georg Wenz, Chef der ev. Akademie, eine neue Tagung vorgeschlagen: Käse und Nationalismus. „Wie meinen Sie das?", fragte mich Dr. Wenz. „So wie ich es sage."

Es klingelte. C'était à mon tour de parler. Ganz hinten im Saal winkte mir Hanns mit einer Scheibe Brie de Maux zu, bevor er aus dem Saal verschwand.

18. Februar 2017

4. Gefangen im Wurzelkabarett. La prison des racines.

Es wurde schon lange nicht mehr so viel über Heimat und Identität geschrieben und getalkt wie im Augenblick. Von Markus Söder bis Ulrich Wickert, der sich im „Spiegel" gleich mit Georg Wilhelm Friedrich Hegel, Jürgen Habermas, Norbert Elias, Fernand Braudel und Charles Louis de Montesquieu polstert. Sicher ist sicher. Il a juste oublié le petit livre de Bernhard Schlink: *Heimat als Utopie.*

Personnellement j'ose vous inviter, en toute modestie, à lire le livre de Maurizio Bettini: *Wurzeln. Die trügerischen Mythen der Identität.* Kunstmann Verlag. 16 Euro, paru en 2018.

Wollte Schiller in Deutschland nicht das „wahre Griechenland der Zukunft" ausbauen? Die Deutschen fühlten sich lange comme les héritiers naturels de Homère, Pindare et Platon. Goethe rêvait d'une Liebeshochzeit Fausts mit Helena. Sans oublier la Griechenland-Nostalgie de Hölderlin. Wilhelm von Humbolt plaçait la culture grecque au-dessus de toutes les autres.

Quasi über Nacht brach vor ein paar Jahren ein Griechenland-Bashing aus. Deutsche schlugen den Griechen vor de vendre quelques îles, um ihre Schulden zu tilgen. „Europa ist Griechenland", konterte Premierminister Manuel Valls, der früher, wie viele Franzosen, weniger „philhellenisch" als die Deutschen orientiert war. Die Wurzelmetapher ist nach Lust und Laune politisch deklinierbar.

Bei den kulinarischen Wurzeln steigen wir gleich ins Wurzelkabarett ein. En Italie la Lega Nord se bat depuis longtemps gegen Restaurants mit ausländischen Spezialitäten. Aber auch italienische Stammprodukte haben ihre Wurzeln außerhalb Italiens. Die Tomate stammt bekanntlich aus Mittelamerika. Und die Kartoffel, gar Paprikaschoten und Peperoncini, n'ont-ils pas leur origine dans la lointaine Amérique? Même le maïs, indispensable pour la Polenta a son origine chez les Azteken. Ist die Urheimat des Apfelbaums nicht in Kasachstan zu suchen?

„Wer sich für Kulturen interessiert, liebt die *Differenz,* wer Wurzeln propagiert, sucht die *Identität",* schreibt Bettini. Um sich aus der Falle der Nostalgie zu befreien, gibt es ein Rezept: *„Accroche tes racines au ciel pour mieux voir la terre!"*

9. Juni 2018

5. Wer ist das Volk? Le peuple introuvable.

„Wir sind das Volk", ist der Satz, den uns in ganz Europa die sogenannten Populisten um die Ohren schlagen. Aber was ist ein Volk?

Es fällt auf, dass die Bürger, die im Namen des Volkes sprechen, nur die Bürger meinen, die wie sie selbst denken. Sie schließen grundsätzlich den Teil des Volkes aus, der nicht wie sie denkt, donc ils ne représentent en aucun cas le peuple.

Die Populisten sind Menschen, die ihr eigenes Volk zerstören. Ihre Identität war und ist stets mörderisch, wie Amin Maalouf sein Buch betitelt: *Mörderische Identitäten*. Das beste Beispiel bleiben die Nationalsozialisten, die ganze Teile des eigenen Volkes vernichteten. Juden waren schließlich deutsche Staatsbürger, genauso wie Kommunisten oder Sozialisten.

En France ce sont actuellement les gilets jaunes qui parlent jour et nuit du peuple, mais ils ne représentent pas le peuple. De même que le parti d'extrême droite de Marine le Pen, appelé Rassemblement national, ne représente pas le peuple. In jedem Land haben sie Verbündete, die auch im Namen ihres Volkes sprechen. Alle diese Volksliebhaber ont une chose en commun: die Volkshysterie als Motto eines tödlichen Nationalismus. Ils adorent les frontières pour se protéger de ceux qui ne pensent pas comme eux: Minderheiten mit deutschem Pass oder auch nicht, und allen voran Migranten.

Les représentants de ces amoureux de la frontière viennent de se réunir à Milan. Einige unter ihnen haben enge Verbindungen mit Russland et jouent régulièrement à saute-frontières quand cela les arrange. Marine Le Pen holt sich Geld in Moskau, der Italiener Salvini liebäugelt mit den Russen und verkauft Teile des Landes an China. Les Allemands amoureux du peuple se contredisent en permanence et n'hésitent pas à accepter de l'argent qui vient d'ailleurs.

Weltspitze sind natürlich die Populisten der Alpenrepublik, die das sogenannte eigene Volk an ausländische Geldmächte zu verkaufen suchten. Il s'agit de cabaret politique à état pur.

„Kein Volk kennt den Ursprung seiner Geschichte", schrieb der Romanist Ernst Robert Curtius. Je crois que le mot peuple das Unwort der Europawahl ist. Pour moi il n'existe que des citoyens européens qui aiment la démocratie als Utopie de la paix.

25. Mai 2019

XII. Gedenktage – Commémorations.

1. Pique-nique on Omaha Beach.

Am Sonntag spaziert also Gerd mit Jacques, Georges, Toni und Elisabeth sur le sable fin de la plage de Omaha Beach, wo die Alliierten am 6. Juni 1944 landeten.

Je me frotte les yeux, kaum zu glauben. En 1995, 50 Jahre nach dem Krieg, Helmut avait du rester zu Hause und musste die Feiern am Bildschirm verfolgen, wie der böse Junge von nebenan.

Je me demande d'ailleurs, ob Helmut am Sonntag als Sondergast dabei ist, ce serait la moindre des choses.

Und ich denke schon plus loin. In 50 Jahren le Enkelsohn de Arafat se promènera vielleicht mit dem Enkelsohn von Sharon dans les rues de Jérusalem. Vielleicht werden sogar les petits-fils de Milosevic, zusammen mit den Enkelsöhnen von Tudjmann und Izetbegovic déposer une gerbe in Sebrenica, en souvenir du massacre du même nom.

Il n'est pas exclu, dass sogar die Kinder Bin Ladens se retrouvent un jour à New York, um sich am Ground Zero vor den Opfern zu verneigen? Combien d'enfants weigern sich in die Fußstapfen ihres Vaters zu treten? Wer weiß? Nul n'est devin.

Am 6. Juni 1944 hätte pas une personne sensée gedacht, dass Gerd et Jacques mal den von Blut getränkten Sand zusammen betreten würden. Gerd mouillait encore ses langes et Jacques était ein ungezogener Knirps. Auschwitz tournait encore à plein régime.

Der deutsche Lyriker Walter Tummler demande avec raison: „Gibt es auch Löcher, durch die man hochfällt?" J'en suis persuadé.

Alles ist möglich, il suffit d'accrocher ses racines au ciel und aus seiner Angst aufzusteigen pour mieux voir la terre. *Erst dann, wenn man seine Wurzeln an die Luft hängt und auf die Sterne klettert, blickt man ins andere Land, ins andere Herz. Erst dann, blickt man ins eigene Land, ins eigene Herz.*

4. Juni 2004

2. Das letzte Weihnachtsfest. Le dernier Noël.

Mein Vater hat sein letztes Weihnachtsfest am 24. Dezember 1944 in Galizien verbracht, à 80 km à l'est de Cracovie. Inzwischen habe ich die Gegend kennengelernt, à l'est de la rivière Wistoka, die von den Beskiden herunterbraust und in die Weichsel mündet. Les paysages ressemblent au nord de l'Alsace et au sud de la Pfalz.

Weihnachten 1944 kamen die Briefe nicht mehr an. Les soldats allemands besetzten noch ein paar Tage das Münstertal, aber mit der Post klappte es nicht mehr. Une partie de l'Alsace war schon befreit. Im Osten Polens war die Front depuis l'automne 1944 stabilisiert. L'armée rouge préparait la grande offensive de janvier. Die Russen waren nur ein paar Meter von Vater entfernt. Er hörte le message der Lautsprecher: „Elsässer, kommt rüber, die schönsten Frauen von Moskau warten auf euch!"

Was dachte mein Vater? Seine schöne Frau lebte in der elsässischen Heimat. Je ne pense pas que les femmes de Moskau ihn zum Desertieren verführt hätten, auch wenn er sicher daran gedacht hat. Einige haben es gewagt, ils ont fini à Tambov, le sinistre camp pour Volksdeutsche. Andere ont été capturés par les Allemands et exécutés sur le champ. Keiner kam in den Genuss des plus belles filles de Moscou. Ganz bestimmt il a longuement regardé la photo de son fils, das ihn noch an der Front erreicht hatte. Le jour de Noël war ich gerade 6 Monate alt. Certainement qu'il a chanté „Stille Nacht, Heilige Nacht" avec ses camarades allemands. A-t-il écouté la Weihnachtsansprache de Goebbels mit seinen Kameraden? Ou est-il sorti dans la nuit pour tenter de lire son destin in den Sternen?

Hat er vielleicht bereut de ne pas s'être caché dans les Vosges lors de sa dernière permission? Er war bei meiner Geburt dabei. Mais il est reparti au front le lendemain. Wäre er desertiert si je n'étais pas né sous ses yeux? Familien von elsässischen Deserteuren wurden bestraft, ausgesiedelt ins Reich. Zwangsarbeit. Il avait commencé la guerre en uniforme français. Jetzt steckte er in einer deutschen Uniform.

„Der Herr im Himmel soll euch bewahren in den kommenden Zeiten", schrieb er im letzten Brief. Ses vœux ont été exaucés pour sa femme et son fils. Bei ihm selbst hat der Herr versagt. Il lui restait 42 jours à vivre.

24. Dezember 2008

3. Was vom D-Day übrig blieb? Les oublis de Nicolas Sarkozy.

Ich bin eigentlich als Gedankenschmuggler ziemlich sauer auf Präsident Sarkozy parce qu'il n'a pas invité la Chancelière Angela Merkel pour célébrer le 65ème anniversaire du fameux D-Day le 6 juin 1944. Il est temps non pas d'oublier le passé, mais in der Gegenwart zu leben.

Il a également oublié d'inviter la Queen, und bei der Begrüßung hat er Prinz Charles übersehen, ce qui n'est pas dramatique en soi. Dennoch un faux pas que Carla nicht ausbügeln konnte. Dazu hatte er einen Kaugummi im Mund lorsqu'il est arrivé au cimetière. Ich entschuldige mich à l'avance falls er unter Zahnschmerzen litt, mais j'ai cru voir ses mandibules, seinen Kinnladen mastiquer le chewing-gum.

Vielleicht hatte Obama das alles vorausgesehen, puisqu'il a visité l'Allemagne avant de venir en France, histoire de rendre hommage à la démocratie allemande. Als ob er le manque de savoir-vivre „historique" du Président Sarkozy wiedergutmachen wollte.

Nicolas ist ein Geschichtsbanause. In Afrika hatte Monsieur le Président aux Africains gesagt que l'Afrique n'était pas entrée dans l'Histoire. Bei der Feier zum 11. November – dem Ende des Ersten Weltkrieges – hatte er erwähnt, dass der erste französische Soldat 1914 von einem „deutschen Elsässer" getötet wurde. A l'époque l'Alsace était allemande. Il a curieusement oublié de signaler que le seul commando français, der beim D-Day dabei war, était angeführt par un Alsacien, le commandant Kieffer.

Ich finde, dass es einfach selbstverständlich gewesen wäre die Kanzlerin dabei zu haben. Schröder avait été invité par Chirac il y a quelques années. Mais notre Nicolas national kann es nicht lassen, il a besoin de faire son numéro pour démontrer qu'il est le sauveur de l'Europe et bientôt du monde.

J'ai également observé, comme tous les Fernsehzuschauer, que monsieur Nicolas a utilisé la voiture pour parcourir die paar Meter, die den Friedhof vom Hubschrauber trennten. Barack lief gemütlich avec Michèle durch die Alleen du cimetière.

Was mich angenehm überraschte, ist, dass Kanadas Premierminister Harper a mélangé les langues pendant son discours, en passant ohne Problem de l'anglais au français und umgekehrt. Félicitations.

13. Juni 2009

4. Hundert Jahre Felsenpfad. Le sentier des roches a cent ans.

Le sentier des roches, zu Deutsch Felsenpfad, ist le plus beau sentier der Vogesen. Jeder Wanderer aus der Pfalz et d'ailleurs, der etwas von sich hält, hat schon mal die Felswand, die das Elsass von Paris trennt, au fond de la vallée de Munster, durchstiegen.

Die klassische Route beginnt beim Col de la Schlucht, einem Pass, den jeder deutsche Motorradfahrer vom Kurventraining kennt, und endet bei der Auberge du Frankental, am Fuß des Hohneck. Der Berg ragt 1362 Meter über das Meer, avec vue sur les Alpes et le Schwarzwald. Die Gemeinde Stosswihr ist zuständig für den Felsenpfad. Le sentier des roches ist nicht ungefährlich. Um die hundert Tote sind zu verzeichnen seit seiner Gründung.

Am 8. August 2010 wird das 100. Jubiläum des Pfades gefeiert. Heinrich Strohmeier, ein deutscher Oberförster, hat 1910 den Vogesenverein initiiert und den Pfad in die Felsen hauen lassen. Der Forstbeamte kam ins Elsass, um das Land zu germanisieren, comme beaucoup de ses compatriotes, entre 1871 et 1918. Er verliebte sich in Land und Leute, musste aber nach dem Ersten Weltkrieg das Elsass verlassen. De retour en Allemagne, il n'adhéra jamais au parti nazi, dafür wurde seine Karriere sogar ausgebremst.

Die Elsässer haben lange vergessen, was sie ihm verdankten, tout simplement parce qu'il était allemand. Die Nazizeit im Elsass ne dura que cinq ans, mais elle effaça das Positive der Kaiserzeit, wobei die Deutschen après la guerre de 1870 nicht gerade zimperlich waren. Sie wollten 200 Jahre de présence française ausradieren. Dennoch kann man beide Perioden nicht vergleichen.

Ich muss zugeben, dass ich vor kurzem noch nie was von Heinrich Strohmeyer gehört hatte. Pour moi le sentier des roches s'appelait en alsacien „Felsapfad", point à la ligne. Ab sofort lesen die Wanderer: „Sentier des roches – Strohmeyerpfad". Vertreter aus Ihringen (verschwistert mit Munster) und Gutach (jumelé abec Stosswihr) sind eingeladen.

Eigentlich hätte le club vosgien de la vallée de Munster auch Angela und Nicolas einladen sollen. Une promenade, die natürlich nicht ohne Gefahr gewesen wäre. Imaginez que le Président la Chancelière etwas barsch – comme à son habitude – anpacken würde. Angela rutscht aus und schon zittert Europa.

7. August 2010

5. Der Appel du 18 juin 1940. Charles de Gaulle meldet sich.

Es gibt Tage, die im Gedächtnis einer Nation eingemeißelt sind, comme les noms des morts sur un Grabstein, destinés à l'éternité. Il en va ainsi du 18 juin 1940, im Volksmund bekannt als „l'appel du 18 juin". Kein Feiertag, pourtant un anniversaire, der an den Widerstand gegen die Nazis erinnert. Cette année la France fête le 70ème anniversaire de cet appel du 18 juin.

Um was geht es? Le général de Gaulle hat le 18 juin 1940 aus London, am Mikrophon der BBC, die Franzosen zum Widerstand aufgerufen. Kurz zuvor hatte Marschall Pétain vor der Wehrmacht kapituliert und pris en main les destinées de la France. Die Deutschen marschierten siegestrunken über die Champs-Elysées. Le gouvernement français avait trouvé refuge à Bordeaux, später in Vichy.

Damals war de Gaulle un général inconnu, kaum ein Franzose besaß ein Radiogerät. Meine Mutter kaufte erst 1950 die Wundermaschine. Combien de Français ont-ils vraiment entendu l'appel du 18 juin? Unmöglich zu sagen. Mais toutes les nations se forgent des symboles, um nicht unterzugehen.

In Wirklichkeit war alles komplizierter. La France était divisée en zone libre, au sud, et en zone occupée au nord und am Atlantik. Hitler annektierte das Elsass und ein Teil von Lothringen. Frankreich war fortan entre collaborateurs und résistants geteilt. Les gendarmes travaillaient avec les Allemands, um die Juden in die KZs zu befördern.

Von London aus versuchte de Gaulle, ohne von Churchill ernst genommen zu werden, den Widerstand zu organisieren. Am Tag der Landung des troupes alliées, waren keine 200 Franzosen dabei. Ohne die Hilfe der Amerikaner les Nazis seraient encore en France et le fascisme aurait remplacé la démocratie.

Die Bücher und Sendungen qui rappellent l'événement historique schießen in diesen Tagen wie Pilze aus dem Boden. Bei einem der Filme, die über den Bildschirm flimmern, stelle ich fest que le comédien qui interprète de Gaulle ressemble à Hitler, incarné par Bruno Ganz in „Der Untergang". Wieso haben sich die Produzenten im Casting so irren können? Peinlich, oder ist das Trauma noch nicht überwunden? Muss mal Sigmund Freud um Hilfe bitten.

12. Juni 2010

6. Wo sind die Klarinetten? Quid de la ponctualité allemande.

In Straßburg feiern die Vertreter der Bundesrepublik Deutschland die Wiedervereinigung nicht am 3. Oktober, mais le 4, tout simplement parce que les diplomates se doivent de fêter la réunification allemande le 3 dans leur Heimat.

Cette année fand die Feier im Pavillon Joséphine statt, qui se trouve dans le jardin de l'Orangerie, im Nobelviertel von Straßburg. Wenn Napoléon mit seinen Kriegsspielen beschäftigt war, il avait l'habitude d'envoyer sa femme Joséphine en Alsace. Paris war ihm zu unsicher und Joséphine zu leicht. So entstand le pavillon, dans lequel l'ambassadeur de la Bundesrepublik beim Europarat adresse son discours à la crème de la crème der deutsch-französischen Beziehungen.

Julius Georg Luy spricht comme un diplomate, dezent unverbinblich. Il oublie de regarder le public. Nur dreimal hat er uns eines flüchtigen Blickes gewürdigt. Je suis prêt à le coacher à Soultzeren, où son père a construit un chalet. Wie spricht man Luy auf Deutsch aus? Personne n'a su me le dire exactement, und ich wage es nicht ihn persönlich zu fragen. Scheint ein französischer Name zu sein, sans doute un descendant der Hugenotten.

Er sprach gut Französisch. Lorsqu'il prononça quelques mots en anglais entpuppte er sich gar als Poet: „In Strasbourg we are living under the ombrella of Human Rights." Magnifique.

Pour terminer il nous arracha même un sourire, weil er die Europahymne ankündigte, ohne Musik, parce que l'orchestre sensé joué la mélodie de Beethoven n'était pas encore là. „Je vous demande d'imaginer la musique!" On a tous imaginé. Das Klarinetten-Ensemble des Luftwaffenmusikkorps 2 ist nie angekommen. Les Français ont tous pensé au film avec Jean Lefebvre et Pierre Mondy: „Où est-donc passé la septième compagnie?"

Ich mache mir ernsthafte Sorgen um die Bundeswehr, besonders die Luftwaffe. Une armée sans Musik ist keine Armee. „L'Allemagne n'est plus l'Allemagne", kommentierte ein französischer General.

Als ich als Letzter die edle Gesellschaft verließ, j'ai demandé aux soldats de l'Eurocorps s'ils avaient des nouvelles der Musiker. „Wir wissen nicht wo sie stecken, sie haben sich nicht einmal gemeldet", sagte ein Oberfeldwebel.

15. Oktober 2011

7. Ein schwieriges Friedens-Jubiläum. Un anniversaire à problèmes.

Am 8. Mai 1945 war der Zweite Weltkrieg zu Ende. Le même jour, à Sétif, en Algérie, erschoss ein Polizist un Algérien qui brandissait un drapeau algérien. L'Algérie galt als französisches Territorium, département français depuis 1848. Im Gegenzug haben die Algerier ein paar hundert Franzosen ermordet. La réponse avait été terrible. Tausende Algerier wurden getötet.

Die Franzosen kämpften in Indochina (1946-1954). Ab 1954 entfachte sich une guerre en Algérie. Am 18. März 1962 wurde in Evian, sur les bords du Lac Léman, das Ende des Algerienkrieges besiegelt. Ein Krieg, der lange nicht als guerre bezeichnet wurde. On parlait des „événements d'Algérie". Une guerre sans nom.

50 Jahre später les langues se délient, wird darüber gesprochen. Psychologisch dasselbe wie bei den deutschen Soldaten après 1945, die nur Brücken gebaut haben. 25.000 junge Franzosen sind im Algerienkrieg gefallen. 200.000 Algériens y ont trouvé la mort. Es war ein schmutziger Krieg, in dem Folter an der Tagesordnung war.

En 1972 j'ai réalisé un portrait du Général Paris de Bollardière pour la ZDF. Er hatte die Folter kritisiert, wurde kurz eingesperrt, galt als Nestbeschmutzer.

Ich fahre gemütlich das Rheintal hoch en direction de la vallée de Munster. Raymond, aus Saint-Dié in den Vogesen, raconte seeleruhig im Radio Sender France Inter, wie er Algerier gefoltert hat. „Ils ne parlaient jamais sous la torture. Sie wurden erschossen, après avoir été obligés de creuser ihr eigenes Grab." Des images, die an den Zweiten Weltkrieg erinnern. Raymond bereut nichts. „Il y a trop d'Arabes chez nous", erklärt er.

Après l'indépendance de l'Algérie wanderten zwei Millionen Franzosen aus. Auch Algerier, „Harkis" genannt, qui ont combattu avec l'armée française und in Frankreich heute noch als Bürger zweiter Klasse behandelt werden.

Das Drama in Toulouse, wo ein junger Mensch ein Blutbad anrichtete hat ganz sicher etwas avec la guerre d'Algérie zu tun. Die Kinder der Einwanderer, qui ne se sentent pas acceptés comme Français, revanchieren sich und töten im Namen eines religiösen Fanatismus

24. März 2012

8. Zwischen Freiheit und Guillotine. Le champagne à la poubelle.

Die Zahl spricht Bände: 1193 Autos wurden in Frankreich in der Silvesternacht abgefackelt. Durant l'année 2012 la facture est de 50.000 voitures brulées. Die philosophische Frage lautet: „Faut-il annoncer le chiffre des voitures brûlées ou le garder secret comme celui du code nucléaire?" Monsieur Valls, Innenminister, hat entschieden. Die Bürger sollen die Wahrheit erfahren. Keine Geheimniskrämerei mehr comme sous le règne de Sarkozy, als die Polizei die Zahl der verbrannten Autos für sich behielt pour éviter la surenchère, um zu verhindern, dass die Jungs das Autoabfackeln als Gesellschaftsspiel verstehen. Welche Stadt fackelt die meisten Autos ab?

Nichtdestotrotz sind die Erklärungsversuche nicht einfach. Auch als Gedankenschmuggler habe ich mehr Fragen als Antworten. Ce ne sont pas les voitures de riches, die Opfer der Brandstifter sind, mais celles des voisins. Hat das Autoabfackeln was mit einer späten Abrechnung des Algerienkrieges zu tun? Une réponse aux contrôles de faciès? Man ist automatisch verdächtig, wenn die Hautfarbe nicht passt.

N'oublions pas que le simple Name à consonnance arabe provoque des difficultés, wenn man einen Job anpeilt oder auf Wohnungssuche ist. La Marseillaise, l'hymne national, wird parfois lors des matchs internationaux ausgepfiffen.

Die französische Gesellschaft hat schon immer Mühe mit der Leitkultur „Liberté-égalité-fraternité". Der Staat zögert souvent zwischen Strafe und Freiheit, ce que ressent particulièrement la jeunesse.

Les feux d'artifice waren in Paris, im Gegensatz zu Berlin oder Peking, verboten. Alkohol wurde sogar auf den Champs-Elysées nicht erlaubt. Mais fêter la nouvelle année allein mit Leitungswasser ist nicht gerade aufregend. Also köpfte man doch die Champagnerflaschen.

Kevin und Françoise n'ont pas eu de chance, un bataillon de policiers, équipés pour la Troisième Guerre mondiale, stürzte sich auf das Paar und entwaffnete es champagnertechnisch: „Vous n'avez pas le droit de boire de l'alcool!" Und schon flog die Flasche in die bereitstehenden Champus-Mülleimer. In dieser Szene wird das Paradoxon der französischen Gesellschaft greifbar. Nous voulons être les chantres de la liberté, mais la guillotine n'est jamais très loin.

5. Januar 2013

9. Vor dem Gipfeltreffen. Avant le sommet. Luther et les Présidents.

Mal gespannt, wie messieurs les Présidents François Hollande et Joachim Gauck mit der Geschichte umgehen werden. Durant la Première Guerre mondiale les Alsaciens étaient une fois de plus „du mauvais côté", du point de vue tricolore. Sie kämpften mit dem Feind.

Am 4. September 2013, in Oradour-sur-Glane, le village martyr, wo les membres de la SS- Panzerdivision Das Reich les 642 habitants ermordeten, haben beide, Hollande und Gauck, der Geschichte ins Auge geschaut. Les 14 Alsaciens (sauf un volontaire) étaient des Malgré-nous, sie wurden zwangsrekrutiert. Beide Präsidenten avaient trouvé les mots justes pour les victimes, les Täter und deren Helfer.

Au Viel Armand, am Hartmannsweilerkopf im Elsass, erinnern beide an den Ersten Weltkrieg. Es ist komplizierter de trouver les mots justes. Im Gegensatz zum Zweiten Weltkrieg, als Hitler ohne wenn und aber das Elsass et une partie de la Lorraine annektierte, les Alsaciens de 1914 étaient des citoyens allemands. Nach dem verlorenen Krieg de 1870 wurde das Schicksal der Elsässer durch den Frankfurter Vertrag am 10. Mai 1871 besiegelt. Les députés français confirmèrent mehrheitlich den Verlust der Ost-Provinzen.

Nicht umsonst les monuments aux morts alsaciens ne portent jamais l'expression „Morts pour la France". Denn die Elsässer starben, freiwillig oder nicht, pour l'Allemagne du Kaiser ou de Hitler. On peut lire sur les monuments aux morts: „A nos morts." ou „A nos enfants victimes de la Grande guerre et de 1939-1945."

Der Historiker Nicolas Sarkozy, kurz einmal Président de la République française, hatte mal unvorsichterweise behauptet que le premier soldat français tué en 1914 l'avait été par un Alsacien allemand. War er dabei?

Si les deux Présidents se promènent sur l'ancienne ligne de front, werden sie vielleicht einen Bunker entdecken, avec l'inscription suivante: „Ein feste Burg ist unser Gott." François ne comprendra pas le sens de la phrase, weil er die Protestanten nicht kennt. Joachim lui expliquera qu'il s'agit de la Marseillaise des Luthériens, selon Heinrich Heine, qui aimait tellement la France, was wiederum Hollande freuen wird. Nicht ausgeschlossen, dass Pfarrer Gauck Luthers Hit a capella in die Kameras hauen wird.

2. August 2014

10. Das deutsche Gewehr. Le fusil allemand qui tire dans le coin.

Monsieur „noch" Président de la République François Hollande ist sans aucun doute der Meister der Einweihungen et des commémorations. Das Jahr 2014 war der Höhepunkt in Sachen Erinnerungsfeiern. Der Beginn des Ersten Weltkrieges bot ihm eine Palette von Möglichkeiten. Même le Tour de France avait été détourné de sa fonction première: faire du vélo, um sich an die Schlachten zu erinnern.

Haben Sie vor, eine neue Grilleinrichtung dans votre jardin feierlich einzuweihen? Invitez monsieur le Président, er kommt gerne, bis zum 7. Mai ist er noch frei. Danach un nouveau président ou une nouvelle présidente wird ins Elysée einziehen.

Am 28. Februar war es wieder soweit, eine neue TGV-Strecke galt es in Villognon zwischen Paris und Bordeaux einzuweihen. Die Bahnsteige waren funktionsfähig. Kann passieren que les quais de la gare von den Pariser Knallköpfen zu eng bemessen werden, dann müssen die Bahnsteige d'abord zurechtgefräst werden. Aber diesmal war alles ok. Die Gäste warteten ungeduldig auf das Knallen der Champagnerkorken.

Es knallte was anderes. Pendant le discours du Président un coup de feu troubla l'assistance. François horchte auf: „J'espère qu'il n'y a rien de grave ...", sagte er in die Menge, wartete encore quelques secondes ... „Je ne pense pas ..." und redete weiter.

Nous avons appris quelques minutes plus tard, dass un tireur d'élite über sein Schnellschussgewehr gestolpert war, ce qui avait déclenché le tir. Zwei Personen wurden immerhin verletzt. Die verrückte Kugel hätte schließlich auch das Herz des Präsidenten treffen können. Je n'ose pas imaginer les conséquences pour la survie de notre planète.

Kein Beobachter hat es erwähnt, aber das französische Militär wird seit Herbst 2016 mit deutschen Gewehren versorgt. Das deutsche GS 36 schießt bekanntlich nicht mehr geradeaus. Hat Madame von der Leyen les fusils allemands, die um die Ecke schießen wie bei Karl May, an die Franzosen ausgeliefert? Oder hatte François Hollande – oberster Herr der Armeen – vergessen, die Gebrauchsanweisung des Gewehrs übersetzen zu lassen? Je n'en sais rien, mais je sais que nous sommes en état d'urgence seit den Attentaten. 10.000 Soldaten, die nicht zweisprachig sind, patrouillieren mit deutschen Gewehren! Nicht ungefährlich.

11. März 2017

11. Macron wird 40. Un anniversaire à Chambord.

Um ein Haar ist le président de la République française comme le petit Jésus an Weihnachten geboren. Am vergangenen Donnerstag wurde der Shootingstar der europäischen Politik 40. Es fehlten seulement quatre jours, um eine Macron-Krippe in jedem Rathaus zu bauen.

In Sachen Alter – immer der Jüngste sein – hat ihm allerdings Sebastian Kurz, Kanzler der Alpenrepublik, mit 31 eindeutig die Show gestohlen, 9 Jahre Vorsprung.

Mais Emmanuel hat es wieder gut gemacht, indem er in Chambord, wo François Ier sein Zauberschloss hinsetzte, son anniversaire feierte. Certes, la fête privée a eu lieu dans un simple gîte rural, mit Blickkontakt zum Schloss, immerhin, le message symbolique ist keinem Franzosen entgangen.

„Polémique royale", mokierte sich die Presse. Schließlich hätte er den runden Geburtstag auch dans la maison familiale du Touquet in der Normandie feiern können.

Aber Chambord ist schon besser, die ganze Welt bekam die Bilder zu sehen. Le TV reality-König de la Maison blanche in Washington n'a aucune chance de gagner la course à l'image.

Le petit Français schlägt ihn mit seinen eigenen Waffen. Trump-Tower in New York oder Disney-Anlage Mare del Sol in Florida können da nicht mithalten.

Ein paar Tage früher Emmanuel a accordé un entretien à France 2, il se promena durant 45' avec le reporter in seiner Nobelhütte Palais de L'Elysée, auch „le château" genannt: „Da wohne ich ..."

Malheureusement les Français n'ont pas apprécié le style „m'as-tu vu", schau gut hin, da bin ich zu Hause. Gut, der Betonklotz, Kanzleramt genannt, kann da filmisch nicht mitmachen.

23. Dezember 2017

12. Höflichkeit a. D. Le manque de politesse des députés tricolores.

Am vergangenen Dienstag, le 22 janvier 2018, haben beide Regierungen le traité de l'Elysée version 1963 zwischen Konrad Adenauer und Charles de Gaulle sozusagen auf Sparflamme gefeiert. Klar, es muss nicht immer mit Ramba-zamba sein, comme le 22 janvier 2013, bei der 50. Jahrfeier mit dem französischen Parlament in Berlin, ou bien le 22 janvier 2003 mit der „Sause in Versailles", laut Bildzeitung, à l'invitation du gouvernement français.

Immerhin, François de Rugy, Président de l'Assemblée nationale, sprach am Berliner Pult auf Deutsch und Wolfgang Schäuble, Bundestagspräsident, parlierte in Paris auf Französisch, was er wirklich gut kann.

J'ai remarqué que les députés allemands étaient au complet à Berlin, ils ont tous applaudi sauf ceux de la AfD. Die Reihen der Assemblée nationale in Paris waren spärlich besetzt, aber alle applaudierten. In Berlin hörte auch Angela zu, in Paris war Emmanuel nicht anwesend. Der französische Präsident hat Hausverbot im Parlament, so will es le règlement.

Emmanuel hatte Wichtigeres zu tun. Il avait invité le même jour 150 managers du monde entier à Versailles unter dem Motto: „Choose France." Das Essen fand in der Galerie des Batailles statt. Für die gastronomische Schlacht war Dreisternekoch Alain Ducasse verantwortlich. Für den wirtschaftlichen Schmusekurs le Président jupitérien in Person. Die Presse blieb außen vor. Ich darf Ihnen dennoch das Menu verraten: Poêlée de légumes du jardin du roi, Hauptspeise mit Kalbfleisch, ein dessert aux agrumes. Bei den Weinen sickerte nichts durch.

Choose France in Versailles. Kinderlein kommt, the french Paradise vous attend. Macron sprach English comme il se doit. Die Zeiten als Shakespeares Sprache in der Werbung verboten war sind passé. Zwei Tage später flog er nach Davos trotz Lawinengefahr, um sich weiter als König Europas der wirtschaftlichen Weltelite zu empfehlen. Zu Hause stand Frankreich unter Wasser und les gardiens de prisons streikten.

Egal, denkt sich Macron, ich bin erst 40, mit 50 muss ich eh als Präsident aufhören (nur zwei Mandate von 5 Jahren sind möglich). Angela wird 74 sein ... genauso wie Brigitte. Das Leben fängt bekanntlich mit 50 erst richtig an. Halleluja.

27. Januar 2018

13. Wie jedes Jahr mit oder ohne Regen. Le 8 mai éternel.

Um Frankreich und die Franzosen zu verstehen, müsste man als Deutscher jedes Jahr den 8. Mai vor dem Fernseher verbringen. Gewiss, die Tageschau wird abends auch ein paar Bilder zeigen, aber les quelques images montrant le Président rallumant la flamme des unbekannten Soldaten à l'Arc de Triomphe ne traduiront pas l'Ambiente du 8. Mai.

Der deutsche Zuschauer kann sich das gar nicht leisten, schließlich ist der 8. Mai kein Feiertag wie in Frankreich, le citoyen allemand travaille le 8 mai. Obwohl Bundespräsident von Weizsäcker während seiner Amtszeit behauptete, man könne als Deutscher den 8. Mai auch als Befreiung von der nationalsozialistischen Herrschaft feiern.

Um was geht es? Le 8 mai feiern die Franzosen la capitulation de la Wehrmacht en 1945. Das Auto des Präsidenten, umrahmt von den cavaliers de la garde républicaine und von Motorradpolizisten in Galauniformen, remonte la plus belle avenue du monde, Champs-Elysées genannt. La voiture du Président disparaît littéralement entre les soldats en uniforme, à moto ou à cheval. Die Kavaliere blasen eine Marschmusik auf ihrer Trompete.

Neben dem Präsidenten sitzt der General, der den Elyséepalast überwacht. Punkt eins in der Hausordnung: le commandement militaire. Monsieur le Président est le chef des armées. In seiner Brieftasche steckt die Geheimnummer, die ihm erlaubt, auf den Atomknopf zu drücken, si la France est attaquée. Oder steckt der Zettel mit der atomaren Geheimnummer in seiner Hosentasche? Ich blicke nicht durch, vielleicht hat sie auch der General auswendig gelernt pour éviter qu'un gilet jaune ne vole le code et déclenche une guerre mondiale.

Am Arc de Triomphe angekommen, umrahmt von weiteren Generälen, begrüßt er durant une heure die Überlebenden der Kriege, salutiert unzählige Male, Musiker oder Soldaten aller Kategorien, invités d'honneur, jeunes et moins jeunes, bevor er sich verabschiedet und über die Champs-Elysées, die noch vor ein paar Wochen von den Gelbwesten verwüstet wurden, nach Hause fährt.

Bisher hatte Emmanuel Macron all die Feierlichkeiten, depuis son triomphe en mai 2017, im strahlenden Sonnenschein absolviert, im Gegensatz zu Vorgänger François Hollande. Mais cette fois-ci hat es auch geschüttet. Egal: un Président muss dem Regen trotzen, ohne Schirm. Ich hoffe nur, dass er sich nicht erkältet hat.

11. Mai 2019

XIII. In Memoriam

1. Frère Roger. Taizé. Le pasteur. 1915-2005.

Frère Roger aus Taizé ist gestorben. J'ai appris sa mort dans un petit village de Provence, Taradeau, wo ich bei Marion und Klaus zu Gast war. Marion est la secrétaire particulière de Hilde Domin, la poétesse qui navigue allègrement vers les cent ans, ohne mit dem Dichten aufzuhören.

Je demande à Marion de me citer un poème de Hilde. La jeune femme regarde la mer et me dit: *Man muss weggehen können und doch sein wie ein Baum, als bliebe die Wurzel im Boden, als zöge die Landschaft und wir stünden fest. Man muss den Atem anhalten, warten bis der Wind nachlässt und die fremde Luft um uns zu kreisen beginnt.*

Je dédie ce poème à Frère Roger, l'homme de la réconciliation entre les chrétiens, der verstanden hat, dass Heimat kein Stück Erde ist, sondern eine Haltung, un état d'esprit qui permet de capter les mentalités de plusieurs peuples. Heimat als „ziehende Landschaft".

Ich bin Frère Roger öfters begegnet, als ich in den 70er-Jahren mehrere Filme über seine Bewegung drehte. Ein junger Journalist begleitete mich damals: Markus Schächter, der später in der deutschen Medienlandschaft Karriere machen sollte.

Dans son livre *Was kommt, was geht, was bleibt,* le heutige Intendant de la ZDF donne la parole à Hilde Domin unter dem Stichwort Mut: „Zivilcourage – ein Fremdwort?" Cela tombe bien. Frère Roger bewies Zivilcourage, als er durant la Seconde Guerre mondiale Juden und Widerstandskämpfer in Taizé unterbrachte, bis die Deutschen ihn 1942 in die Schweiz (la Heimat de son passeport) auswiesen.

Am 30. August 1974 fand le premier „Concile des jeunes" statt. Des dizaines de milliers de Jugendlichen aus aller Welt besuchten das kleine Dorf in Burgund. Damals, Frère Roger annonça une société sans classes, die milde Form eines christlichen Kommunismus, eine „ziehende Landschaft der Liebe". Aber der Erfolg machte ihm und seiner Gemeinschaft auch Angst. Il freina même l'extension de son mouvement. Er wiederholte das Experiment Konzil der Jugend nicht. Aber er blieb un gourou pacifique.

2. September 2005

2. Pierre Pflimlin. Strasbourg. L'Alsacien presque parfait. 1907-2000.

Lundi dernier, le 5 février, haben die Freunde von Pierre Pflimlin en la cathédrale de Strasbourg le centième anniversaire de sa naissance gefeiert. Gestorben ist er am 27. Juni 2000 im Alter von 93 Jahren. Plusieurs fois war er Minister. Als letzter Ministerpräsident der quatrième république holte er 1958 de Gaulle an die Macht. Besser gesagt, il lui laissa sa place und verhinderte peut-être einen Bürgerkrieg. Die Rebellion in Algerien bedrohte die Republik.

Später war er Oberbürgermeister von Straßburg, Président du Parlement européen, Vorkämpfer des relations franco-allemandes. Er galt als Monsieur Europe, wie Robert Schuman, Jean Monnet oder Alcide de Gasperi.

Er war ein Sprachakrobat, le seul homme politique alsacien à jongler entre l'allemand et le français avec élégance. Und er war l'ami des artistes, hat er doch Germain Muller, le Kulturpapst de l'Alsace, avec son cabaret „Barabli", in sein Strasburger Kabinett geholt. Oft saß er au premier rang, même et surtout dans des petits théâtres pour soutenir des artistes inconnus.

Einmal kam er zu einem Vortrag que je tenais à Strasbourg und sagte: „Cher Martin, j'espère que vous allez nous provoquer!" Später diskutierten wir bis in die Nacht hinein in einer Straßburger Kneipe weiter. Vers trois heures du matin nickte er ein. Er war schon über 90 Jahre alt.

Als Stadtplaner war er nicht so begabt. Il existe plusieurs verrues architecturales à Strasbourg: le quartier de la gare oder le centre halles, wo die alten Markthallen hässlichen Betonblocks weichen mussten. Aber für die Fußgängerbrücke sur le Rhin, que la Mannschaft actuelle contesta longtemps, weil sie die deutschen Panzer fürchtet, hätte er sich ohne wenn und aber eingesetzt.

Er war auch Elsässer. Alors que je lui reprochais dans mon pamphlet *Mange ta choucroute et tais-toi,* dass er nach 1945 nicht Elsässisch gesprochen hatte à l'Assemblée nationale, um klar zu machen, dass man die deutsche Kultur nicht mit dem Faschismus gleichsetzen könne, il me répondit avec une incroyable humilité. „I be oi a Schlappa gse." (Ich war auch ein Schlappschwanz). Klar, er wäre sonst nie Minister geworden.

9. Februar 2007

3. Peter Scholl Latour. Weltenbummler.Un grand voyageur. 1924-2014.

Zum letzten Mal traf ich Peter Scholl-Latour auf der Buchmesse à Francfort. Il était en train de s'entretenir mit einem deutschen Promi. Quand il m'a vu, unterbrach er das Gespräch und hat mich umarmt. Der Promi staunte und fragte sich: „Gibt es etwa wichtigere Personen als ich?"

J'étais moi-même étonné, weil er kein Mann der großen Gefühlsausbrüche war. Die Kollegen im ZDF hat er immer eingeschüchtert, tout simplement par sa présence, wobei er nicht besonders groß war noch irgendwie eine auffällige Figur hatte. Allein sa voix un peu tremblottante – Deutsche sagen, er nuschelte – machte auf ihn aufmerksam, lorsqu'il prenait la parole.

Ich habe eigentlich seulement maintenant erfahren, dass die Orientalisten ihn quasi hassten, parce qu'il était, für sie, trop superficiel dans ses analyses sur l'Islam. Comparons ce qui est comparable, ein Forscher ist kein Journalist et un journaliste n'est pas un chercheur.

J'ai croisé un nombre considérable de journalistes allemands, die in Paris arbeiteten. Er war einer der wenigen, die Frankreich wirklich kannten und der sein Wissen nicht aus Agenturmeldungen schöpfte. Il était capable de „penser entre les langues", selon l'expression de Heinz Wissmann, entre autres traducteur de Kant.

Alors que j'étais parfaitement unbekannt, suchte er immer das Gespräch, wenn wir uns in Paris im ZDF-Studio trafen, peut-être à cause de sa mère alsacienne.

Er war weniger bekannt in Frankreich als in Deutschland. Sein erster großer Erfolg, *Tod im Reisfeld,* wurde zwar übersetzt, mais ne connut pas le même succès qu'en Allemagne. Peter avait même francisé son prénom en Pierre. Später blieb er bei Peter, weil es nichts gebracht hatte. Es gab einfach trop d'auteurs français, die über Indochina geschrieben hatten. Dommage qu'il ait peu écrit sur la France.

„Martin, quand je suis absent, vous pouvez utiliser mon bureau", sagte er eines Tages. Habe ich auch getan, aber den Schreibtisch mit einem Riesenkratzer verunstaltet. Da gab es Stress, mais personne ne m'a trahi. Es musste ein neuer Tisch her. Et moi je n'ai jamais osé lui dire que j'étais l'auteur du crime. Mes excuses, Monsieur Scholl-Latour.

4. André Glucksmann 1937-2015. Helmut Schmidt. 1918-2015. Le philosophe et le politicien.

Sie sind am selben Tag gestorben. André in der Nacht vom 10. November. Helmut ein paar Stunden später. André était philosophe, Helmut politicien. Le Français im Alter von 78. L'Allemand a tenu le coup, trotz Zigarettenkonsum, bis ins hohe Alter: 96. Deux destins européens.

Während Helmut Schmidt sich durant la Seconde Guerre mondiale freiwillig zum kriegerischen Einsatz im Osten meldete, wurde André in Frankreich verschleppt und wäre um ein Haar als jüdisches Kind umgekommen, comme plus de 11.558 enfants juifs de nationalité française.

André Glucksmann, „l'homme du bonheur" auf Französisch, gehört zu den bekanntesten Philosophen unserer Zeit. Man nannte sie „les nouveaux philosophes" durant les années soixante-dix. Glucksmann critiqua le système communiste, als die französische KP noch nach Moskau schielte. En 1979 überzeugte der Philosoph den Präsidenten Giscard d'Estaing die boat people, Opfer des kommunistischen Regimes in Vietnam, in Frankreich aufzunehmen. Über 200.000 wurden gerettet. Aujourd'hui le Premier ministre de la France, Manuel Valls, est prêt à accueillir 24.000 Flüchtlinge innerhalb de deux années. Une honte.

Schmidt brillierte als Bundeskanzler, später als politischer Schriftsteller. *Religion und Verantwortung*, steht in meiner Bibliothek. Avec Giscard d'Estaing stärkte er Europa. Les deux complices et amis ont même réussi à trouver de l'argent, um von der Wehrmacht zwangsrekrutierten Elsässern eine finanzielle Wiedergutmachung auszuzahlen. Ma mère a reçu 9000 francs en souvenir de mon père mort in Ostoberschlesien en uniforme allemand.

André, im Gegensatz zu Helmut, entpuppte sich plötzlich als Krieger. Soudain il approuva la guerre en Irak et en Libye, zusammen mit Bernard-Henri Lévy, le philosophe qui a convaincu Sarkozy de bombarder Kadhafi. En 2007 Glucksmann vota même pour Sarkozy. Helmut dagegen, le guerrier du Nato-Doppelbeschluss, wurde im Alter vorsichtiger in Sachen Krieg und critiqua même les ventes d'armes de la Bundesrepublik.

Les deux, André et Helmut, ont animé le débat politique en Europe et sont morts en démocrates. Ein Europa, dass trotz Kassandrarufen noch lange nicht am Ende ist.

14. November 2015

5. Udo Jürgens 1934-2015 et Jean-Hans Arp. 1886-1966.
Le chanteur et le dadaïste.

Ich habe Udo Jürgens nur ein einziges Mal getroffen, mais je ne lui ai pas adressé la parole. Ich habe ihn photographiert, sans le moindre problème. Keiner hinderte mich daran. J'adore croiser les Promis, ohne mich als Journalist zu outen. Cela permet d'observer le personnage en question, ohne dass er sich beobachtet und in Frage gestellt fühlt. Le célèbre chanteur bereitete sich in Interlaken, en Suisse, auf eine Fernsehaufzeichnung vor. La répétition fand im Garten des Nobelhotels Victoria-Jungfrau statt. Il répétait en robe de chambre. Je ne savais pas encore, dass der Bademantel zur Show gehörte.

Je n'ai plus jamais revu Udo Jürgens, mais als er starb, j'ai été surpris d'apprendre que sa mère était la sœur de Hans Arp, l'artiste bien connu: un Alsacien multilingue. Es ärgerte mich que je ne le savais pas, d'autant plus que j'ai réalisé un téléfilm: „Dada youself" pour le ZDF, einen Film über das Leben von Hans Arp. Les Français pensent qu'il est français. Die Deutschen, dass er Deutscher ist. Les Alsaciens sehen das alles ökumenisch und nennen ihn Jean-Hans Arp. Ich hätte natürlich versucht, Udo einzubauen.

Jetzt suche ich dauernd nach Wahlverwandtschaften zwischen beiden. Malheureusement je n'ai pas trouvé grand-chose. Udo war weder Dadaist noch Surrealist. Vielleicht sprach Mutter Katherin mit ihm auf Französisch. Schließlich führte ihn la chanson „Merci Chérie" 1966 zu seinem Eurovisions-Erfolg. Il avait déjà été décoré pour un autre Schlager avec un titre français: „Je t'aime."

Ein gemeinsames Ziel hatten Udo und Jean-Hans dennoch. Beide étaient tentés par la nationalité suisse. Udo schaffte es. Jean-Hans nicht. Für die Schweizer Behörden galt er als verrückt. Elles avaient peur, für einen möglichen Aufenthalt in einer Klinik aufkommen zu müssen.

Angela et François se sont rencontrés ce vendredi à Strasbourg. Vielleicht hat Angela ihm das Gedicht *Strassburgerkonfiguration* geschenkt. *Ich bin in der Natur geboren. Ich bin in einer Wolke geboren. Ich bin in einem Rock geboren.* Et François a peut-être offert à Angela le poème: *La cathédrale de Strasbourg est une hirondelle.* Aber nur vielleicht.

31. Januar 2015

6. Arnfrid Astel. 1933-2018. L'ami allemand.

Nachdem ich meine Fleißarbeiten an der Straßburger Universität absolviert hatte, schickte mich die lutherische Kirche Elsass-Lothringen nach Sarreguemines (département Moselle) als zweiten Pfarrer. „En même temps", ist der Lieblingssatz von Emmanuel Macron, qui n'était pas encore né. Ich war gleichzeitig Volontär im Kirchenfunk des Saarländischen Rundfunks pour apprendre l'allemand. Das war 1969, die Zeit und der Ort waren spannend. Willy Brandt avait été élu chancelier. Les douaniers n'étaient pas encore recyclés en jardiniers und die Grenzposten waren noch nicht in restaurants umfunktioniert. Deutsch-französische Paare wohnten hüben und drüben. Dazwischen die Saar, der Schmugglerfluss. Bei niedrigem Wasser schleppten Mitglieder meiner Pfarrgemeinde sogar Waschmaschinen, qui étaient déjà moins chères en Allemagne, auf die französische Seite.

Auf dem Halberg beim SR lernte ich le Socrate allemand kennen: Arnfrid Astel. „Connais-toi toi- même", das Passwort des griechischen Philosophen, passte zu ihm. Sa silhouette élégante se déplaçait au ralenti dans les couloirs de la radio. Wer ihm begegnete, fühlte es quasi physiquement: Arnfrid dichtet beim Gehen. Bitte nicht stören.

Mit seinen Gedichten brachte er mir la langue de Goethe bei. Avec quelques mots, Arnfrid en disait plus que certains écrivains avec des livres de mille pages.

Television

Abends vorm Bildschirm / Komme ich endlich zu mir.

Ich schließe die Augen / Und horche in mich hinein.

Nach einem Jahr beim SR je devais quitter Saarbrücken pour travailler uniquement comme pasteur ou professeur de philosophie en France. Ich ließ mich beurlauben. Die Haikus von Arnfrid verführten mich zum deutsch-französischen Gedankenschmuggel, bis heute. „In jeder Sprache sitzen andere Augen" gab mir Arnfrid zu spüren, bevor es Herta Müller formulierte.

Als Literaturchef des Senders sorgte er für Aufträge. De longs entretiens avec Claude Lévi-Strauss ou Roland Barthes. Un week-end littéraire et filmique avec Dieter Wellershoff et Alain Robbe-Grillet. Une amitié avec Ludwig Harig et Eugen Helmlé. Chauffeur de taxi avec Erich Fried à travers le Saarland. Un grand merci à toi Arnfrid et un Schmutz alsako pour l'éternité.

PS. Sein Werk unter: www.zikaden.de

17. März 2018

7. Jean-Hans Kleberger. Der gute Deutsche aus Lyon. Le bon allemand. 1485-1546.

Lyon ist zweifellos für deutsche Fußballfans ein Begriff, spätestens seit dem die fincle de la coupe du monde féminine zwischen USA und Schweden in der drittgrößten französischen Stadt am 7. Juli 2019 ausgetragen wurde.

Zur Römerzeit war Lyon die Hauptstadt des heutigen Frankreich. Sie liegt an der Gabelung der Rhône, Quelle am Furkapass in der Schweiz und der Saône, source im département Vosges bei Epinal.

Pierre Valdès, der Gründer der Waldenser-Bewegung, die die Reformation vorbereitete, stammt aus Lyon.

Lyon ist pour d'autres raisons für jeden Franzosen ein Begriff. Die Stadt war der Tatort von Klaus Barbie durant la Seconde Guerre mondiale: ein SS-Scherge der übelsten Sorte. Nachdem er après la guerre in Südamerika untergetaucht war, entführten ihn die Nazijäger. 1987 il a été condamné à la prison à perpétuité. „Le boucher de Lyon", wie er genannt wurde, starb 1991 im Gefängnis.

Lyon war aber auch die Wahlheimat von Hans Kleberger aus Nürnberg, der zwei Jahre nach Luthers Geburt in Eisleben auf die Welt kam und, comme Luther, 1546 starb. Der Kaufmann und Bänker s'installa à Lyon où il devint célèbre pour sa générosité. Immer wieder spendete er Geld den Armen, als „marchand allemand".

Der Deutsche verkehrte mit Rabelais, einem der größten Schriftsteller der damaligen Zeit, und wurde von Dürer portraitiert. Jean-Hans Kleberger ging als „bon allemand" in die Geschichte von Lyon ein. Am 16. September 1849 les Lyonnais ont inauguré la statue des „guten Deutschen" am linken Ufer der Saône in Lyon. Heute noch zu besichtigen.

War der Kölner Kunstsammler Eberhard Jabach nicht le conseiller artistique du Roi Soleil? War Karl Friedrich Reinhard, Pfarrerssohn aus Württemberg, nicht drei Jahre Außenminister der Republik, de 1796 à 1799? Deshalb stören mich immer Begriffe wie „ennemi héréditaire", Erzfeind oder Erbfeind. Die deutsch-französischen Beziehungen dürfen wir nicht allein durch die Nazibrille betrachten.

La brigade franco-allemande de l'Eurocorps sera mise en honneur ce 14 juillet 2019 – Nationalfeiertag – lors du défilé sur les Champs-Elysées. Lyon ist mit Frankfurt am Main und Leipzig verschwistert.

13. Juli 2019

XIV. Theologie – Les paroles de Dieu.

1. Voltaire contra Tsunami. Le philosophe et Dieu.

Am ersten November 1775 erschütterte ein Erdbeben die Stadt Lissabon: 25.000 morts. Der französische Philosoph Voltaire entflammte in seinem *Poème sur le désastre de Lisbonne* une discussion hautement philosophique über die göttliche Vorsehung.

„Direz-vous: C'est l'effet des éternelles lois / qui d'un Dieu libre et bon nécessitent le choix? / Direz-vous en voyant cet amas de victimes: / Dieu s'est vengé, leur mort est le prix de leur crimes? / Quel crime, quelle faute ont commis ces enfants / Sur le sein maternel, éternel et sanglant?"

Im Klartext: Gibt es einen göttlichen Plan? Wieso kann Gott der Menschheit ein so tiefes Leid zufügen. Le philosophe mokierte sich nicht nur über die Kirche et ses certitudes, mais également über seine Freunde Rousseau und Leibniz, qui trouvaient un sens am Rad des Weltpraters que se trouve être la terre. „Alles ist gut", meinte Leibniz. „Wir sollen der Natur vertrauen", meinte Rousseau.

Voltaire antwortet: „Die Erben der Toten werden sich bereichern, die Baulöwen werden beim Wiederaufbau viel Geld verdienen, die Überlebenden werden sich von den Toten ernähren. Also die notwendige Folge der notwendigen Ursachen. Das persönliche Leiden der Opfer zählt nicht. Sie tragen zum allgemeinen Wohl bei."

„Un tel discours", sagt er weiter, „eût certainement été aussi cruel als das Erdbeben tödlich war".

Kein Philosoph war je fähig d'expliquer l'origine du mal moral et du bien. Le hasard veut que le tsunami die Ufer am 26. Dezember erreichte, als in der westlichen Welt les pasteurs et les curés fêtaient den zweiten Weihnachtstag, louant la naissance de Jésus-Christ, Retter der Welt.

Monsieur Wolfgang Huber, le chef des protestants allemands, ne trouva aucune réponse. „Ihm (Gott) werfen wir uns in die Arme. Er trägt uns." Quant au Cardinal Karl Lehman, le chef des catholiques, il a expliqué que la catastrophe est une chance pour le Wiederaufbau et l'amélioration des systèmes d'alarme.

Ich schließe mit Voltaire: „Wenn es Gott nicht gäbe, müsste man ihn erfinden!"

21. Januar 2005

2. Stress mit dem Reformator. Un anniversaire difficile.

Am 9. Juli 1509 wurde Jean Calvin in Noyon geboren, au nord de Paris. Dort wurden auch Karl der Große und Hugues Capet, roi des Francs, gekrönt. 500 Jahre später sorgt le réformateur français für Stress. Die einen begreifen ihn als Gründer des Kapitalismus, d'autres voient en lui le Ben Laden de la théologie protestante.

Vergleichen wir das Calvin-Bild, publié par le journal parisien „Libération" et des Schweizer „Tagesanzeiger". Die französische Tageszeitung nous propose l'image eines edlen Staatmanns. Der Fotograph des Schweizer Blattes lichtete Calvin nachts ab, furchteinflößend, au fameux mur des Réformateurs in Reih' und Glied dans un magnifique parc à Genève.

Le journal français se contente d'interroger le théologien Olivier Abel, der ein Loblied auf den Reformator anstimmt, das seinesgleichen sucht. Calvin a jeté les bases d'une société des „dissidents". Da saust das Wort Freiheit wie ein Komet durch die Welt. Die Lehre der Prädestination – der Mensch ist wie ein vom Computer gesteuertes Auto – est une doctrine libératrice. Tout est bien qui finit bien.

Die Kollegen aus Zürich beschreiben ihn als „religiösen Robespierre" und attackieren das „Weichbild des Zuchtmeisters Calvin", qui passa d'ailleurs quelques années en Alsace, nachdem er Paris verlassen musste.

Die Schweizer Calvin-Verehrer schrecken vor nichts zurück. Es gibt eine Schokolade Calvin 09, je cite: „eine harmonische Verbindung aus bolivianischer Grand-Cru Schokolade und speziellen Gewürzen." Verschiede Weine werden angeboten: „In Calvino Veritas."

Pour revenir sur terre sollte man vielleicht den Roman *Salvatore* lesen, de Arnold Stadler, Büchnerpreisträger. „Er kommandierte einen frühen Religionsterrorstaat und nannte sich christlich ..." Ou bien Stefan Zweig: *Ein Gewissen sagt nein. Castellio gegen Calvin.* Les défenseurs de Calvin trouvent toujours des excuses à l'exécution de son opposant Michel Servet, genauso wie die Lutheraner manchmal schnell vergessen que Luther a proposé d'incendier les synagogues.

Si Jésus-Christ nous écoute, sträuben sich ihm sicher die Haare et il se demande, ob er doch nicht besser hätte Zimmermann werden sollen, comme son père Joseph.

4. Juli 2009

3. Gérard Depardieu und Sankt Augustin. L'acteur et le théologien.

Als im April 2000 Gérard Depardieu dem Papst begegnete, le Saint-Père posa sa main sur la Schulter de l'acteur und sagte ihm: „Tu es Saint-Augustin!" Die Szene stammt nicht aus einem Drehbuch. Es gab eine Zeit im Leben des Schauspielers, durant laquelle Depardieu an Sankt Augustin einen Narren gefressen hatte. „Ich finde mich in seinen Schriften wieder", affirmait-il à l'époque.

Sankt Augustin, anno 354 in Hippo (heute Algerien) geboren, beschreibt dans ses *Confessions* sein Bekehrungserlebnis. Il a longtemps douté, wie Apostel Paulus. „Er war ein Rebell", betont Depardieu. Das fasziniert den Schauspieler – der Kampf mit sich selbst, das Auf und Ab des Lebens. „Seigneur Jésus, ayez pitié de moi!", betet er immer, noch heute, quand il est submergé par les problèmes de la vie.

Le cardinal Poupard, président du conseil pontifical pour la culture, hatte das Gespräch mit Karol Woytila vorbereitet. Der Vatikan liebäugelte mit einem Filmprojekt. Depardieu, l'enfant terrible du cinéma français, sollte Sankt Augustin darstellen. Es ging so weit qu'il participa en septembre 2001 à un colloque sur Saint Augustin en Algérie, wo er auf André Mandouze traf, un des plus grands exégètes du théologien.

Depardieu refusa finalement d'incarner Saint Augustin à l'écran, aber er war bereit, aus dem Tagebuch des Heiligen öffentlich zu lesen. C'est ainsi que le 9 février 2003, en la cathédrale Notre-Dame de Paris, stand Gérard Depardieu vor dem Altar und las mit leiser Stimme: „Gardez-vous de festoyer et de boire. Gardez-vous des querelles et des jalousies. Revêtez-vous de notre Seigneur Jésus-Christ …"

Tausende hatten keinen Platz im Gotteshaus gefunden und lauschten andächtig draußen im Regen. Später wiederholte er die Vorstellung im Straßburger Münster und in der cathédrale de Bordeaux.

Inzwischen urinierte der Star im Flugzeug, wurde wegen Trunkenheit festgenommen, feierte mit dem tschetschenischen Diktator Kadyrov in Grosny, unterstützte Nicolas Sarkozy beim Wahlkampf et a décidé de vendre son hôtel particulier à Paris – Wert 50 Millionen Euro – um sich in Belgien niederzulassen, où il va payer moins d'impôts.

De-par-Dieu heißt übrigens wörtlich übersetzt: „von und mit Gott". Amen.

27. Dezember 2012

4. Luther und die Tour de France. Une étape avec Luther.

Ich schlendere durch Aix-en-Provence, die Römerstadt, alors que Marseille a été une ville grecque. La ville provençale a même appartenu zum Heiligen Römischen Reich Deutscher Nation. Damals le Rhône faisait office de Grenze avec la France. Marc, professeur de médecine, Schulfreund aus Epinal, joue au Reiseführer. Nous passons devant l'hôtel des Augustins. „Luther y a passé une nuit!", sagte mein Freund en passant. „Früher war da ein Augustinerkloster."

Je me souviens, dass Martin Luther nach Rom reiste, aber ich erinnere mich nicht an die genaue Reiseroute. Ich melde mich sofort à la réception et monsieur Léon lächelt mich überlegen an, tapote sur les touches de son ordinateur, und schon zeigt er mir stolz wie König René aus Aix ein Blatt Papier:

„Via Lutheri. Rückreise aus Rom im Jahre 1512 über Korsika, Nizza, Aix-en-Provence, Genf, Konstanz, Augsburg, Bamberg, Halle, Wittenberg, zirka 2500 Kilometer." Alles bestätigt durch Professor Hans Schneider aus Marburg, historien de la réforme.

Da kann ich mich nur geschlagen geben. Mais je vais de surprises en surprises, als ich entdecke que le 100ème Tour de France en 2013 a emprunté la via Lutheri durant les six premières étapes. Drei Etapen in Korsika, weiter Nizza-Marseille und am 4. Juli die fünfte Etappe ab Aix-en-Provence.

Est-ce que le responsable du Tour de France a fait des études de théologie protestante? Le parcours commun de Luther et des coureurs est doch kein Zufall! Da stellt sich sofort die Frage nach Martin Luthers Meinung in Sachen Doping. Im Gegensatz zu Calvin, le réformateur français, Luther adorait le vin. Der Wein ist ohne Zweifel un produit dopant, wie Hegel es später bewiesen hat, lorsqu'il écrivait en buvant.

Peter Sloterdjik macht sich übrigens in seinem Buch *Mein Frankreich* über die „hygienischen Protestanten" lustig, qui tuent le Tour de France mit ihrer Anti-Doping Kampagne. Peter devrait relire Luther.

Persönlich je regrette que les télés allemandes ne diffusent plus live le Tour de France, une magnifique leçon de géographie théologique!

6. Juni 2013

5. Wenn der Franz den Franz trifft. Les deux François.

Le Président de la République française, François Hollande, hat den Papst Franziskus le vendredi 24 janvier 2014 in Rom besucht, le jour de la Saint-François. Zwei François trafen sich also an ihrem Namenstag. Die Begrüßung war frostig. Pas étonnant, plus de 100 000 catholiques avaient signé une pétition, an den Heiligen Vater adressiert, um gegen die Familienpolitik von Hollande zu protestieren, sprich Homo-Ehe et aménagement plus libéral des Abtreibungsgesetzes (von 1974). Der Abschied, après une audience de 35 minutes, war freundlicher, hatte François doch Franziskus un livre de Saint-François d'Assise geschenkt.

François und Franziskus haben mehr gemeinsam als anzunehmen ist. Beide residieren dans un décor analogue, le Prunk du Palais de l'Elysée, auch le château genannt, ist dem des Vatikans ähnlich. Hollande versucht, als „Président normal" zu leben, als citoyen. Franziskus se veut un pape „normal", comprenez bescheiden, comme un chrétien normal.

Beide benutzen des moyens de locomotion modestes. Le Président einen Roller. Der Papst einen Renault 4. Beide versuchen sich inkognito zu bewegen. Le pape soll nachts unterwegs sein pour ne pas perdre le contact avec son peuple. Auch Hollande ist nachts unterwegs.

François Hollande und Jorge Mario Bergoglio sind beide katholisch erzogen worden. Hollande besuchte eine katholische Privatschule. Gewiss, ihre Wege trennten sich später, François bekam mit Ségolène vier Kinder, sans le sacrement du mariage. Als Präsident de la République zog er mit Freundin Valérie in den Palais de l'Elysée, avant de la „répudier". Mario wurde Priester, gar Jesuit, und schließlich Papst.

Mais le destin a rattrapé le petit catholique François, der heute Atheist ist. Als Président de la République erhielt er automatisch – ob er will oder nicht – den Titel „Chanoine de la basilique Saint-Jean-de-Latran" in Rom. En 1604 le roi Henri IV avait offert au Vatican l'abbaye de Clairac. Im Gegenzug schenkte der Vatikan, pour l'éternité, le titre de Chanoine aux chefs d'Etat von Frankreich. Nicht umsonst gilt la France als älteste Tochter der Kirche. Im Gegensatz zu Sarkozy, holte Hollande die Urkunde in Rom nicht ab.

Am vergangenen Sonntag haben rechtsextreme Katholiken, die nichts mit Demokratie am Hut haben, in Paris für Krawall gesorgt. Vielleicht sollte Franziskus ihnen schreiben.

1. Februar 2014

6. Gott und die Gedankenfreiheit. Traité de tolérance.

Comment relier Dieu et la liberté? Die Beziehung zwischen Gott und der Freiheit existe depuis la nuit des temps. Les religions monothéistes, sei es das Judentum, das Christentum ou bien l'Islam, ont toujours été confrontées à l'exercice de la liberté.

Moslems behaupten, der Terror von IS hat nichts mit dem Islam zu tun. C'est aussi faux que de prétendre que l'Inquisition im Mittelalter nichts mit dem Christentum zu tun hatte. Es brauchte Zeit, bis Demokratie als Freiheit für tous les hommes vom Christentum akpzeptiert wurde. Noch im Zweiten Weltkrieg, les soldats ont tué avec l'aide de Dieu: „Gott mit uns", stand auf dem Koppelschloss der Soldaten.

Der französische Philosoph Abdennour Bidar, selbst Moslem, a publié une *Lettre ouverte au monde musulman*. Er kritisiert die westlichen Intellektuellen, die behaupten: „Non, le problème du monde musulman n'est pas l'islam, pas la religion, mais la politique, l'histoire, l'économie ..." Il critique également seine Glaubensbrüder, die besonders seit dem 18. Jahrhundert unfähig sind „de répondre au défi de l'Occident", qui a accepté peu à peu les Droits de l'homme.

Er fordert die Moslems auf, endlich Augen und Herz zu öffnen, um eine pluralistische Gesellschaft zu akzeptieren. „Quand donc vas-tu faire cette révolution qui dans les sociétés et les consciences fera rimer définitivement spiritualité et liberté?" Er fragt le monde musulman: „Wo sind deine Mandelas, deine Gandhis, deine Aung San Suu Kyis?"

Schon lange plädiere ich pour des facultés de théologie musulmanes. Il faut des exégètes, des théologiens, des philosophes, qui mettent en perspective les textes sacrés. Bref der Islam braucht seine Reformation. Meine Antwort auf den Tod der Pariser Opfer de la rédaction de „Charlie Hebdo" ist ein deutsches Volkslied.

Die Gedanken sind frei / Wer kann sie erraten / Sie fliegen vorbei / Wie nächtliche Schatten / Kein Mensch kann sie erraten / Kein Jäger erschießen / Mit Pulver und Blei / Die Gedanken sind frei.

10. Januar 2015

7. Es luthert. La publicité au service du réformateur.

Es luthert in diesen Tagen in der Bundesrepublik du matin au soir und der Luther-Tsunami wird voraussichtlich bis zum 31. Oktober 2017 andauern. Es luthert sogar in Rom, il existe un Martin Luther-Platz dans la ville éternelle depuis 2015. Es luthert im Vatikan, puisque Papst Franziskus es bis nach Schweden geschafft hat pour témoigner de son esprit oecuménique.

Es luthert in der Literatur. Im Roman *Die linke Hand des Papstes,* von Christian F. Delius, un guide touristique surprend Benoit XVI., qui visite inkognito la Chiesa evangelica Lutherana di Roma, via Sicilia 70. L'ancien pape steigt auf die Kanzel et récite leise: „Ein feste Burg ist unser Gott", la Marseillaise des Protestants, Heinrich Heine dixit.

La presse allemande luthert unaufhörlich. „Der erste Wutbürger" titelt sowohl die Märkische Allgemeine tout comme Der Spiegel. Im Monatsblatt Chrismon erfahren wir que Jürgen Klopp, der Wuttrainer, auch luthert.

Aber es luthert vor allem in der Lutherstadt Wittenberg. Auf dem Marktplatz sieht es aus wie zur Lutherzeiten. Alle verkleidet. Au nom de Luther on vend à peu près n'importe quoi. Martin schaut griesgrämig zu: „Ich rede von deinen Zeugnissen vor Königen und schäme mich nicht", Psalm 119, Vers 46, lese ich sur le socle de sa statue.

„Kunst im Knast", annonce la Mitteldeutsche Zeitung. „Luther war ein Avant-Gardist", sagt Walter Smerling von der Stiftung für Kunst und Kultur.

Guiseppe propose depuis vingt ans in seiner Eisdiele entre la Stadtkirche et la Schlosskirche de la glace aux touristes. Ab sofort nennt er sich Martin.

„Vergangenheit greifbar nah. Weltweit einmalig: Aufwachen gegenüber der Thesentür", propose le Alte Kanzley Hotel, qui organise das Luther-Essen.

Von der Elbe zum Rhein, 600 km lang luthert es im Funk. Après une lesung le soir du 31 octobre à la Versöhnungskirche de Germersheim la pastourelle Christine m'offre „Einen guten Tropfen" du protestantischen Kirchenbauverein. En prime un porte-clé mit einer Luthermünze für die Einkaufswagen.

Wenn es so weitergeht luthert es nicht mehr, sondern tetzelt es nur noch. Aber ich bin bestens gewappnet. In Jüterbog erwarb ich zwei Ablassbriefe. Dort predigte Johannes Tetzel: „Wenn die Münze im Kasten klingt, die Seele aus dem Feuer springt".

8. November 2016

8. Undenkbar in Frankreich. Impossible en France.

Wenn ein Franzose am vergangenen Sonntag, le 18 mars 2018, par hasard im ZDF auf den evangelischen Gottesdienst in Nürnberg stieß, haben ihn sans aucun doute Sprache und Bild um den Verstand gebracht. Comment cela est-il possible?

Da redet ein Polizeihauptkommissar in Uniform über Respekt. Da singt das Vokalensemble des Polizeichors. Da spielt ein Bläserquartett des Polizeiorchesters in der St. Jakobskirche. Alle in Uniform.

Tout simplement impensable en France. Das Land ist zwar bekannt als la fille aînée de l'Eglise, aber auch als Hochburg der Laizität, ein Unwort für viele Deutsche, difficile à prononcer. En France klare Trennung zwischen Staat und Kirche, seit dem 9. Dezember 1905.

Damals war die katholische Kirche im Dauerkampf gegen die Republik. Das Gesetz besiegelte die Trennung zwischen Staat und Kirche, bis heute. Dennoch denkt Frankreich immer noch katholisch. Ohne lutherischen Urknall ist die Grande Nation von der Beichtkultur zur Streikkultur übergegangen, ohne die Vorteile der Streitkultur zu genießen, die den Kompromiss erlaubt. Politisch gesehen eine Groko, ob man sie gut oder schlecht findet. Rien n'est simple, im Kopf bleiben die Franzosen katholisch. Vertikales Denken, comme Macron le prouve täglich.

Ministerpräsident Kretschmann spricht von einer kooperativen Trennung von Staat und Kirche. Dans la pratique garantiert das Grundgesetz auch die Religionsfreiheit, solange sie die Demokratie nicht gefährdet. Wo ist also der Unterschied?

Les discussions autour de la laïcité bilden das tägliche Brot der französischen Medien, sans grand résultat, als ob liberté, égalité, fraternité nicht genügten. Die Laizität wird sozusagen als vierte Säule der Republik verstanden. Diese krampfhafte Trennung von Staat und Kirche kennen die Elsässer nicht. Ils bénéficient encore du concordat, un cadeau de Napoléon Ier... et également de deux facultés de théologie, protestante et catholique, ein Geschenk des deutschen Kaisers. Als die Trennung von Staat und Kirche 1905 vollzogen wurde, les Alsaciens étaient des citoyens allemands.

Eigentlich fehlt nur noch eine islamische Fakultät, mit wissenschaftlichem Hintergrund, um die Wirrungen des Islamismus zu bekämpfen.

24. März 2018

XV. Literatur – La danse des mots.

1. Musik ohne Grenzen. Un dictionnaire musical.

Die Jazz- & Rock-Schulen Freiburg ont publié ein Fachwörterbuch für deutsch-französische Musik-Grenzgänger. Une moitié du dictionnaire musical en français, die andere Hälfte deutsch. Un fantastique outil de travail für Musikliebhaber beider Länder.

„La musique réunit les peuples" ist einer der banalsten Sätze. Nos pères ne se sont-ils pas entretués au son des trompettes? Tolstoi schreibt: „Stecken Sie einen Jugendlichen in eine Uniform und lassen Sie ihn im Rhythmus der Trommel defilieren, schon entpuppt er sich als Barbar!"

Musik ist nie neutral, parce que l'homme ne l'est pas non plus. Dennoch hat der Musiker das Glück, ohne Wörter auszukommen. Ce n'est pas sans raison que la Musik survit dans le coeur de l'homme, même après la perte de son dictionnaire. Die Donauschwaben singen in Mohacs deutsche Lieder, mais ils ne parlent plus l'allemand. En Alsace la Volksmusik allemande réchauffe le coeur des Alsaciens, die nicht mehr Deutsch parlieren. La radioactivité musicale überlebt den Verlust der Wörter.

Albert Schweitzer hat die fantastischsten Sätze sur la France et l'Allemagne geschrieben, indem er les différences entre la construction de l'orgue allemand et français beschrieb. Die deutsche Orgel hat er als centrale électrique bezeichnet. Die französische Orgel als Tretboot. Die richtigen Wörter erlauben uns auch, die Geschichte mit Hilfe der Musik zu verstehen. „La révolution allemande a eu lieu dans la musique pour cause d'intempéries", schrieb Kurt Tucholsky. Ist in Frankreich die Revolution gelungen, uniquement weil das Wetter était plus favorable?

Die jungen Europäer trouveront la vraie réponse, indem sie mit ihren Instrumenten jonglieren. Als Schöpfer einer Friedenssymphonie, ils inventeront une musique capable die Kopfgrenzen zu sprengen, qui pourrissent la vie des peuples. La musique permet de comprendre, dass die Zukunft sich – über die Grenzen hinweg – in fremden Herzen befindet. *Tu découvriras enfin, au-delà des frontières, ton propre pays, ton propre cœur.*

2. Die Prinzessin und der Präsident. Giscard d'Estaing écrivain.

1976 habe ich Valéry Giscard d'Estaing comme Président de la République gefilmt. Damals hielt er un discours en l'honneur de Marguerite Duras. Die Schriftstellerin wurde als erste Frau in die Académie française aufgenommen. La célèbre institution, fondée par François 1er, gilt als Sprachpolizei. Später wurde auch Giscard in den elitären Klub aufgenommen.

Il y a quelques années, il avait écrit un mauvais roman d'amour: *Le Passage*. Jetzt hat er es erneut versucht avec *La Princesse et le Président*. Eine Romanze zwischen Jacques-Henri Lambertye et Patricia, Princesse de Cardiff, mariée à l'héritier de la couronne d'Angleterre. Le Président est veuf, la Prinzessin est malheureuse und schluckt die Geliebten im Eiltempo. Sie langweilt sich im Kensington-Palace, die Kinder sind im Internat. Le divorce pointe à l'horizon. „I wish that you love me", dit la Princesse au Président. Et c'est parti.

Alles deutet auf Prinzessin Diana als Geliebte von Jacques-Henri Lambertye alias Giscard d'Estaing, außer dass Giscard nicht Witwer ist. Das Foto auf dem Cover, leicht verschwommen, est reconnaissable: deux silhouettes élégantes qui se penchent l'une vers l'autre. Um sicher zu sein, dass die Leser ne se trompent pas de personnages, beschreibt Autor Giscard wiederholt die leicht gebeugte Kopfhaltung von Prinzessin Diana – „La tête penchée de côté" –, die wir alle kennen.

Das Engagement der Prinzessin contre les mines personnelles et pour les enfants victimes du sida scheint von Zeitungsberichten abgeschrieben. Extraordinaire ist la fascination de Giscard pour les jambes de la Princesse. „Ses jambes sont bien dessinées et diffusent une sensation de vigueur, comme celle d'une athlète au repos."

Die französische Presse hat den Schriftsteller Giscard fertig gemacht. J'ai rencontré Monsieur le Président devant le Musée Unterlinden à Colmar und bat ihn, die Reaktionen der Presse in Frankreich zu kommentieren. Er antwortete: „Die Journalisten haben nur Unwahrheiten geschrieben, weil sie das Buch nicht gelesen haben!" Daraufhin j'ai aussitôt acheté le livre und habe es bis zur letzten Seite gelesen.

Je vous prie de m'excuser Monsieur le Président, aber das Buch ist wirklich schlecht.

19. Oktober 2009

3. Emigranten im Feindesland. Liaisons dangereuses.

La lecture du livre de Anna Tüne *Von der Wiederherstellung des Glücks. Eine deutsche Kindheit in Frankreich*, m'a fait découvrir une neue Facette de l'histoire de nos deux pays. Kaum zehn Jahre nach Kriegsende gab es entre la France et l'Allemagne ein Austauschprogramm der dritten Art, que l'éditeur Galiani qualifie avec justesse de „Bizarres Besiedlungsprogramm".

Deutsche Bauernfamilien emigrierten nach Frankreich, dans la région du Dauphiné, ausgerechnet in eine Gegend mit tragischer deutsch-französischer Vergangenheit. Quelques années auparavant kämpften dort les maquisards gegen die Wehrmacht, dont les soldats ne reculaient devant aucune atrocité in ihrer Kriegsführung, sprich Geiselerschießungen.

Die Geschichte de cette aventure incroyable wird aus der Perspektive eines kleines Mädchens erzählt. Aber der Bericht soll eine fiktive Autobiographie sein, wie man heute sagt. Dieulefit (Gott schuf es) nennt sich la petite ville in der Nähe des Bauernhofes. Man kann sich ohne Mühe vorstellen, que l'installation de familles allemandes n'a pas été une sinécure. Einfach war es nicht, schließlich galten damals alle Deutschen als Kriminelle, als Boches. Sollte man die Aktion als Provokation verstehen?

La région était autrefois une Hochburg der Hugenotten. Noch immer gab es eine evangelische Gemeinde et le pasteur joua une große Rolle dans l'intégration der Familie. La scène la plus émouvante est la première participation de la famille allemande au culte protestant.

Anne Tüne erinnert sich: „Noch Jahrzehnte später hat keiner der damals Anwesenden diesen Augenblick vergessen. Die Gemeinde hatte ihr altbekanntes ‚Oh douloureux visage' angestimmt, da hatte es die Mutter auch schon erkannt und intonierte mit ihrer wirklich schönen, sehr hohen Stimme: ‚Oh Haupt voll Blut und Wunden'. Es lag sehr viel an dieser Stimme. Die Mutter legte sehr viel Wehmut mit hinein und Hingabe für einen Gott, der allen gnädig sein möge in diesem Schmerz."

Da die Familie aus Posen stammte, erfährt man auch viel über die deutschpolnischen Beziehungen, die Anna Tüne akribisch hinterfragt. Die Grenzgängerin ist Vorsitzende des Vereins Courage gegen Fremdenhass e. V.

10. April 2013

4. Alles Messdiener a. D. L'école des servants de messe.

J'ai fait la connaissance de Markus Schächter, bekannt als ehemaliger ZDF-Intendant, heute Messdiener-Forscher, en tant qu'étudiant à l'université de Mayence. Ich drehte eine Dokumentation sur le concile des jeunes in Taizé, Burgund, Sitz der ökumenischen Brudergemeinschaft, fondée par Frère Roger. J'avais besoin d'un assistant, der Französisch sprach und etwas von Theologie verstand.

Il était catholique, moi protestant, politisch schauten wir nicht in dieselbe Himmelsrichtung, mais la réconciliation franco-allemande zementierte dauerhaft eine europäische Freundschaft. Ces dernières années il m'a souvent parlé de son projet concernant les Messdiener, von der Altarstufe zur Showbühne. L'idée me semblait lumineuse. Ich war zwar mal evangelischer Pfarrer, aber nie Messdiener. Während die katholischen Freunde „Theater" spielten, saßen wir jungen Protestanten gelangweilt unter der Kanzel.

14 Stars, von Alfred Biolek bis zu Jürgen von der Lippe, ohne Thomas Gottschalk zu vergessen, hat Markus Schächter jetzt eine Messdiener-Beichte abgenommen (Herder Verlag). „Haben Sie eine Erklärung dafür, dass viele Show-Moderatoren Messdiener waren?", fragt Autor Schächter. Nicht immer scheinen die Betroffenen den Zusammenhang avec leur carrière zu bestätigen. La réponse la plus limpide vient peut-être de Frank Elstner. Il cite Hilde Domin: *Man muss weit weggehen können / und noch sein wie ein Baum / als bliebe die Wurzel im Boden / als zöge die Landschaft vorbei / und wir ständen fest.*

Spannend wäre auch gewesen de faire une analyse comparée der Show-Moderatoren mit Messdienerhintergrund avec des présentateurs d'origine protestante. Welche sind die besten? Wo liegen die Unterschiede?

Je ne connais pas d'analyse identique en France. Markus Schächter pourrait demander à son alter ego Rémy Pflimlin, Intendant de France Télévisions, qui prendra bientôt sa retraite, eine ähnliche Analyse in Frankreich zu machen.

La France est la fille aînée de l'Eglise. Ob les présentateurs „servants de messe" sich allerdings so leicht outen werden, bezweifle ich, laïcité oblige. Hängt natürlich auch vom pädagogischen Talent des Autors ab, un talent que possède Markus Schächter zweifellos.

2. Januar 2015

5. Buchmesse 2017. Ne pas répondre aux lettres, une tradition française.

Das Lutherjahr bewegt sich auf uns zu, spannend wie selten. Wahlen in Frankreich. Wahlen in Deutschland. Un nouveau couple franco-allemand va voir le jour. La France ist Gastland der Frankfurter Buchmesse. Quel honneur! Ausgerechnet im Lutherjahr 2017.

Um ein Haar wäre die Einladung verpufft. Jürgen Boos, le directeur de la Buchmesse, avait lancé l'invitation im Sommer 2013, donc trois années avant l'événement littéraire mondial. Er hatte die Einladung nicht nur à Monsieur le Président de la République geschickt, sondern auch à Monsieur le Premier ministre Manuel Valls et à madame la ministre de la culture Aurélie Filipetti. Sicher ist sicher.

Es tat sich nichts. Im Sommer 2014, une année plus tard, war in Frankfurt noch keine Antwort eingetroffen, ce qui énerva passablement le directeur de la foire. Frankreich gilt immerhin als République des Lettres. Monsieur Jürgen war wohl bekannt que les hommes politiques français écrivent des livres à la pelle, also schubweise, pour démontrer au peuple leur supériorité. Aber wieso pfeiffen sie auf die Ehre de présenter „l'esprit français", den deutsche Frauen sogar auf ihrer Brust tragen, à la plus grande foire littéraire du monde?

Le directeur de la Buchmesse avait oublié deux choses. Auf Briefe (oder auf Mails) nicht antworten gilt in Frankreich, im Gegensatz zu Deutschland, als Zeichen der Macht. Madame Chirac hat François Hollande einen Brief geschrieben. „Il ne m'a jamais répondu", beklagt sich die Frau des ehemaligen Präsidenten Jacques Chirac.

Il existe une deuxième explication. Die berüchtigten Berater der Politgrößen, allesamt Sprösslinge aus den Elitenschulen, n'ont jamais mis les pieds à la foire de Francfort. Sie habe zwar von Goethe gehört, mais pensent que les Allemands vivent im tiefen dunklen Wald des Erlkönigs et se nourrissent d'écorces de sapin.

Allein Pariser Buchhändler haben die Ehre der Grande Nation gerettet. Sie meckerten lautstark. Tout d'abord sans succès. „Es ist zu teuer!", erklärte ein Berater, der gerade beim Präsidenten für einen Milliardenzuschuss für die Atomindustrie plädiert hatte.

Premier Ministre Manuel Valls reiste schliesslich nach Berlin und annonça que la France était fière d'être invitée à la Buchmesse 2017. Ende gut, alles gut.

22. Oktober 2016

6. Forscher plus chercheur = Forscheurs.

Suchen Sie bitte das Wort Forcheurs nicht dans votre dictionnaire français-allemand. Noch ist es dort nicht zu finden. Wir verdanken es der Fantasie von Gérard Foussier, Chefredakteur des Magazins Documents/Dokumente, 1945 ins Leben gerufen, um die deutsch-französischen Beziehungen unter die Lupe zu nehmen, zweisprachig bitte.

Chercheur plus Forscher ergibt Forcheur, so einfach kann das Leben sein, lorsque l'on se penche sur les amitiés entre chercheurs français et allemands. Da erfahren wir que Alexander von Humboldt (14. September 1769-06. Mai 1859) mit Joseph Guy-Lussac (6. Dezember 1778-09. Mai 1850) befreundet war. Lussac est connu pour ses travaux sur la dilatation des gaz et sur le magnétisme. Beide bereisten zusammen Europa. Heute ist le prix scientifique franco-allemand Lussac-Humboldt eine der bekanntesten Auszeichnungen für deutsch-französische Forcheurs.

Le livre de Gérard fourmille d'exemples de coopération franco-allemande entre savants. Der Deutsche Hans Schlegel und der Franzose Léopold Eyharts flogen 2008 zusammen um den Erdball, trainiert hatten sie à Cologne im European Astronaut Center.

J'ai honte pour mes Bildungslücken. Mais je découvre soudain, dass ich doch noch einem Nobelpreisträger de physique (1966) begegnet bin: Alfred Kastler (1902-1984). Der Elsässer wurde pour ses découvertes fondamentales sur le pompage optique ausgezeichnet. Le savant war auch Dichter. Ich traf ihn im elsässischen Guebwiller für ein Gespräch pour la radio sarroise. *Europe, ma patrie!*, heißt das zweisprachige Werk. Neuauflage bei Aubin éditeur in Paris. *Europe en devenir, patrie à venir, pas d'enfantement sans douleur.*

Fast alle Kandidaten der Präsidentenwahl prahlen heute, au choix, avec le patriotisme économique, le patriotisme solidaire, le patriotisme intelligent, wobei ich ohne zu zögern ihnen reinen Patr'idiotismus vorwerfe. „Das nationale Gefühl ohne den Deckmantel der Vernunft ist Nationalismus und führt zum Krieg", sagte Fichte. Aber wer unter diesen Herren und Damen hat schon Fichte gelesen?

Gérard Foussier, Forscher+Chercheur=Forscheurs.
Verlag Dokumente. Bonn 2015, 176 pages, 18 Euro.

15. April 2017

7. Die vergrabenen Briefe. Les lettres du grand-père.

Man hört, Menschen lesen immer weniger, Tabletts und Smartphones remplacent les livres. Je n'en suis pas certain. Souvent, in Frankreich wie in Deutschland, werden Bücher gratis oder pour quelques euros in Geschäften angeboten. Oder es gibt im Stadtzentrum eine öffentliche Bücherwand, manchmal sogar ehemalige Telefonzellen, man bedient sich oder stellt selbst gelesene und nicht gelesene Bücher ins Regal, dans l'espoir que le livre trouvera un lecteur.

Beim Bäcker in Soultzeren, zu Hause im Münstertal, fand ich kürzlich *Le pont sur la Drina*, vom Nobelpresiträger Ivo Andric. Je l'avais lu il y a quarante ans. Ich nahm es sofort mit auf eine neue Balkanreise pour une nouvelle lecture vor Ort.

Genauso entdeckte ich in Bad Krozingen, beim Krankenbesuch in einer Rehaklinik, un livre avec le titre *Die vergrabenen Briefe. Autobiographischer Familienroman*, von Dietling Karasek. *Eine niederländische-polnische-österreichische-tschechische-bayerische Familiengeschichte*, las ich auf dem Cover. Je n'ai pas pu résister. En feuilletant le livre je tombe sur le nom de la ville de Bielitz, Ostoberschlesien, heute Bielsko-Biala, Polen. Mon père est mort près de Bielitz le 3 février 1945. Grund genug, aus Neugierde, das Buch mit nach Hause zu nehmen. Je l'ai déjà lu deux fois.

Die Eltern der Autorin, Hertha und Kara, sont nés à Bielitz. Die Stadt, deutsche Sprachinsel in der zweiten polnischen Republik wurde 1939 von den Nazis „überfallen". Mädchen steckten Blumen in den Lauf der Gewehre der Wehrmachtssoldaten.

Autorin Dietlind, 1944 in Wien geboren, Vater SS, Mutter Malerin mit Parteizugehörigkeit. Alle drei überlebten Krieg und Flucht. Dietlind versucht im Buch mehr zu erfahren sur ses parents, grâce aux lettres, die sie im Koffer des Großvaters entdeckt. Eine lange Suche mit der ewigen Frage an ihre Eltern: „Was habt ihr gewusst, gesehen, gehört?" Bielitz liegt 25 km von Auschwitz entfernt.

Besonders spannend, au regard des réfugiés actuels, ist die Situation der Flüchtlinge in Bayern nach dem Krieg. Dietlind war „ein Flüchtlingskind".

Une recherche passionnante qui permet de mieux comprendre le présent. Une histoire partagée par des millions d'Allemands. Le livre, 263 pages mit Bildmaterial, 19,80 Euro, wurde vom Verlag des Biographiezentrums veröffentlicht.

29. Juli 2017

8. Zeitgeist – Au fil du temps.

Edgar Zeidler ist 1953 in Colmar geboren, aujourd'hui arbeitet er als Professeur agrégé d'allemand au lycée Jean-Jacques Henner in Altkirch, im südlichen Elsass. Professeur agrégé ist die höchste Stufe, die ein Gymnasiallehrer im französischen Bildungssystem erreichen kann. Man verdient mehr und arbeitet weniger, ce n'est pas un Witz. Die gewonnene Zeit verwendet Edgar, der in Linguistik promovierte, als Autor.

Dr. Zeidler ist einer der wenigen Elsässer, der noch Goethes Sprache beherrscht und darüber hinaus mit der bengalischen Sprache spielt. Edgar hat *Gitanjali* vom indischen Nobelpreisträger Rabindranath Tagore (1861-1941 – ami de Gandhi et d'Einstein) ins Elsässische übersetzt. Il est également l'inventeur de la grammaire alsacienne Orthal.

In seinem neuen Buch *Au fil du temps / Zeitgeist,* bietet er dem Leser eine zweisprachige Reise durch den Zeitgeist „malgré les écueils, les récifs qui rendent la navigation difficile, parfois périlleuse", schreibt er mir. Aber das wissen längst die Leser der Zungenknoten.

Silence / Stille

Dans le silence abyssal de mon âme mon coeur perçoit / In der unergründlichen Stille meiner Seele vernimmt mein Herz, / des injonctions inaudibles à mon entendement / Aufforderungen, die meinem Verstand verschlossen bleiben, / qui orientent ma vie, peut-être malgré moi, / womöglich gegen meinen Willen, durchs Leben leiten.

Sérénité / Ausgeglichenheit

Sérénité, équilibre entre solitude et dépendance? / Ausgeglichenheit, Gleichgewicht zwischen Einsamkeit und Abhängigkeit?

Juge / Richter

Le juge en moi ne trouve pas meilleure victime que moi. / Der Richter in mir findet kein besseres Opfer als mich.

But / Ziele

Parvenir à atteindre ses objectifs est le rêve de tout un chacun. Mais à quoi rêver ensuite? / Seine Ziele zu erreichen ist jedermanns Wunschtraum. Doch wovon soll man dann träumen?

Zeitgeist. I. D. L'édition. 8 Euro.

16. Juni 2018

9. Café Josty. Le pâtissier de Napoléon.

Die Wahlen sind vorbei. Noch ist Europa nicht verschwunden, mais les Européens continuent à se demander s'ils existent vraiment?

Tausende von Journalisten schreiben sich wund. Stundenlang habe ich Sondersendungen zur Europawahl geschluckt. Ich kann nicht mehr. Außerdem haben mir die Schnecken die Erdbeeren verschlungen et les biches ont profité de mon manque de vigilance, um die Tomatenstauden zu vernichten. Der Garten-Burnout ist perfekt.

In so einem Fall bleibt mir nur eins übrig: eintauchen in meine Bibliothek. Une Tour Eiffel de livres bloque l'entrée de mon „atelier d'écriture", comme mon électricien favori Frédéric a intitulé une facture concernant son travail dans mon bureau.

Obendrauf ein Buch von Michèle Kahn mit einer malerischen Landschaft als Cover. Titre : *Loin de Sils Maria*, édition Le passage. Graubünden, la seconde patrie de Nietzsche m'a toujours fascinée, non loin de Pontresina où Angela a abîmé sa hanche en sous-estimant une descente avec ses skis de fond.

L'auteure de *Shanghai* (Ullstein Verlag) m'entraîne aussitôt in das fantastische Leben des Gian Johann Josty, der 1773 in Sils Baselgia, ein Nachbarort von Sils Maria, auf die Welt kam. Die Geschichte endet im Café Josty auf dem heutigen Potsdamer Platz im Berliner Sony Center.

Der junge Graubündener floh aus der Heimat bis nach Magdeburg, wo ein entfernter Cousin als Zuckerbäcker arbeitete. Auch er wurde Zuckerbäcker und etablierte sich später in Berlin où il s'imposa comme roi de la pâtisserie.

Michèle Kahn schafft es immer wieder, die kleine Geschichte in die große Geschichte einzubetten. C'est ainsi que l'auteure nous plonge dans l'histoire de l'Europe du 18ème au 21ème siècle. Wir erfahren wie Napoleon Europa durcheinander wühlte, im wahrsten Sinne des Wortes, et je m'aperçois que je retrouve le sujet dominant de l'Europe actuelle: Wie steigen wir aus dem nationalistischen Wahnsinn aus, der die Kopfgrenzen versteinert et nous empêche de penser avec la mentalité de plusieurs peuples comme nous le demande le Donaupoet Claudio Magris ?

En même temps Michèle Kahn nous décrit par le menu la vie de Johann et les secrets de son génie pâtissier, der nicht nur die Berliner Bourgeoisie verzauberte, sondern ganz persönlich Napoleon himself, der als Kriegsherr Berlin besuchte.

21. Juni 2019

10. Die Ära der Gedächtnislosen. La découverte des amnésiques.

Als Gedankenschmuggler entgeht mir normalerweise kein Buch, das sich mit Frankreich und Deutschland beschäftigt. Außerdem j'ai la chance de connaître quelques amis allemands ou amies allemandes, die mich auf Neuerscheinungen aufmerksam machen. Mais nul n'est parfait.

Ich entdeckte erst kürzlich bei Sarah in der Buchhandlung Carpe Diem in Munster den Band *Les Amnésiques* von Géraldine Schwarz. *C'étaient simplement des Mitläufer, ils marchaient avec le courant* lese ich auf dem Titelblatt. Auf Deutsch *Die Gedächtnislosen. Erinnerungen einer Europäerin*, erschienen im Secession Verlag in Zürich.

Ich habe das Buch verschlungen. Mutter Josiane Französin, Vater Holger Deutscher. Beide weltoffen. Studium sowohl in Deutschland als auch in Frankreich. Großvater Karl aus Mannheim, Mitglied der NSDAP, il récupéra l'entreprise du partenaire juif allemand Julius Löbmann. Lucien, le Opa français, gendarme à l'époque de Vichy. Die eigene Familie hat der Autorin ein ideales Drehbuch in die Wiege gelegt. Bis hin zur Wiedervereinigung begleitet sie die Familiengeschichte. Vater Holger était membre de la Treuhandgesellschaft, chargée du passage des firmes est-allemandes à la Marktwirtschaft.

Géraldine analysiert intelligent und sachkundig die Entwicklung beider Länder bis heute. Wie geht man mit der Vergangenheit um? Je pense à l'équilibre historique que recherche le philosophe Paul Ricoeur entre la mémoire et l'oubli.

Die Journalistin Schwarz macht dann noch als Zugabe einen Umweg über Österreich und Italien, deux pays à la mémoire défaillante. Das Buch dokumentiert, wie leicht Völker Opfer der historischen Fake News werden, die uns an den Rand des politischen Abgrundes führen.

Nach der Ära Alfred Grosser kommt ganz bestimmt eine Ära Géraldine Schwarz, lauréat du Prix du livre européen. Das Buch hat sie in Französisch geschrieben. Heute lebt Géraldine in Berlin. Die Autorin wurde 1974 in Straßburg geboren, mais je ne trouve aucune allusion de l'Alsace à la lecture des 466 pages du livre. C'est curieux, vu que les Alsaciens sont les champions de l'amnésie. Une lecture obligatoire avant – et après – les élections européennes.

6. April 2019

XVI. Elsässische Gedankenschmuggler – Contrebandiers d'idées alsaciens.

1. Der europäische Schriftsteller.
René Schickele: le prophète incompris.

Im Ersten Weltkrieg flüchtete l'Alsacien René Schickele in die Schweiz. Damals war das Elsass Deutsch. Il était citoyen allemand. Berlin verfolgte den Schriftsteller. Il était considéré comme français Spion. Dans sa Zeitschrift „Die weißen Blätter" predigte er den Frieden. Après la guerre wurde er französischer Staatsbürger et s'établit à Badenweiler, also in Deutschland, parce qu'il ne supportait pas die elsässischen Hurra-Patrioten. Hatten sie doch ihre deutschen Nachbarn über den Rhein gejagt. Quelques semaines plus tôt, les mêmes applaudissaient encore le Kaiser. Aus Schickele wurde für Frankreich un espion allemand.

Schon bevor Hitler an die Macht kam, hat der Elsässer l'élimination des Juifs vorausgesagt: „Die Judenvernichtung als logisches Moment im mechanistischen Denken der nationalsozialistischen Philosophie." Il était évident pour le Grenzgänger alsacien, dass das rechte Lager sich mit dem Teufel verband, sans aucune chance de s'en sortir. A l'époque Thomas Mann hésitait encore, wie viele andere, vielleicht geht der Spuk vorbei.

Seine Prophezeiung des Polenfeldzuges est assez incroyable. Am 16. April 1933 schreibt Schickele in seinem Tagebuch: „Wird es trotzdem über kurz oder lang für die neuen nationalsozialistischen Machthaber brenzlig, kommt der polnische Krieg und schmilzt das Volk zu einem Block zusammen."

Il n'est pas étonnant que les Nazis ihn in ihrer Zeitschrift „Deutsche Treue" schon 1931 als „elsässischen Juden (er war gar kein Jude), Pazifisten und Vaterlandsverräter" attackierten. Schickele quitta im September 1932 sein Haus in Badenweiler et s'établit im südfranzösischen Sanary-sur-Mer. Thomas Mann folgte später. Il fut radié de la Preußischen Akademie der Künste. Ses livres wurden beschlagnahmt und verbrannt.

Une injustice persiste en Alsace: Schickeles Hauptwerk *Das Erbe am Rhein* ist noch nicht ins Französische übersetzt. Certains Alsaciens le qualifie encore aujourd'hui de boche. Vom „geistigen Elsässertum" ist keine Rede mehr. René Schickele peut être considéré comme le Robert Schuman der deutsch-französischen Literatur. Seine Heimat war Europa.

5. September 2009

2. Der Vater aller Reformatoren. Geiler von Kaysersberg.

Kaysersberg ist den meisten Elsässern ein Begriff, non seulement à cause de ses vignobles. Roger Hassenforder, le seul cycliste alsacien, der bei der Tour de France als Held gefeiert wurde, ist Bürger von Kaysersberg. Durant les années cinquante galt er als begnadeter Sprinter und als Clown du Tour.

Als Roger mal 20 Minuten dem Peloton voraus radelte, il n'hésita pas à plonger ins Mittelmeer, um sich abzukühlen. Ou alors il s'arrêtait au bord de la route pour siroter un pastis. Später übernahm er ein Restaurant im berühmten Weindorf.

Nos voisins allemands kennen Kaysersberg aus einem anderen Grund. Albert Schweitzer est né dans la petite cité am Fuß der Vogesen, près de Colmar. Er verbrachte nur ein paar Wochen dort, ensuite son père pasteur fut muté à Gunsbach im Münstertal. Mais les habitants de Kaysersberg waren schon immer des génies du Marketing. Sie schaffen es meisterhaft, ihr Dorf als Heimat von Albert Schweitzer zu verkaufen.

Wenn die Einwohner de Kaysersberg von Johannes-Jean Geiler schwärmen, le père des réformateurs protestants, ils sont plus près de la vérité historique. Geiler verbrachte seine Jugend in Kaysersberg. Er gilt als der Vater aller Reformatoren (1445-1515) et s'attaqua aux déviances der katholischen Kirche avec une force qui manque aux responsables actuels, wie die Debatte um die Pädophilie es beweist.

Il adorait citer le prophète Amos, en reprochant à ses Zuhörer „sich in elfenbeinverzierten Polsterbetten zu räkeln. Ich hasse euere Feste und kann euere Feiern nicht ausstehen. Euere Brandopfer und Speiseopfer sind mir zuwider".

Ein Wunder, dass er 32 années lang als Domprediger in Straßburg gewirkt hat. Aujourd'hui il perdrait son poste innerhalb einer Woche. Il galt als persönlicher Berater von Kaiser Maximilian I. Il était également l'ami de Sebastian Brant, Autor des *Narrenschiff* et celui de Jacques Wimpfeling, einem der berühmten Humanisten der école de Sélestat.

Am 10. März hat sich le 500ème anniversaire de sa mort gejährt. Deshalb feiert Kaysersberg à partir d'aujourd'hui, acht Tage lang, le célèbre réformateur. Siehe www.ville-Kaysersberg.fr

13. März 2010

3. Mon cher Tomi ... Der visionäre Karikaturist.

Deine Freunde feiern Deinen 80. Geburtstag. Ich bin mir nicht sicher, ob es wirklich Deine Freunde sind. Ils font semblant. Vielleicht geben sie sich nur als Freunde aus, um mit Dir abgebildet zu werden. Je pense même qu'ils se moquent de toi.

Schau mal Tomi. Du kennst ja die Bibel genauso gut wie ich selbst. Und was lesen wir im ersten Buch Mose, Kapitel 5, Vers 25? „Als Methusalem, Sohn von Henoch, 187 alt war, zeugte er Lamech. Danach bekam er noch weitere Söhne und Töchter und starb im Alter von 969 Jahren."

Und jetzt wollen Deine Freunde fêter ton 80ème anniversaire, als ob Du ein alter Mann wärst? Lächerlich. Wenn wir Methusalem als Maßstab nehmen, il te reste 880 années à vivre. Si je compte bien, wirst Du noch im Jahr 2899 leben, à moins que Raymond Waydelich, le Andy Wahrol alsacien, ne t'empoisonne par jalousie. Aber Raymond liebt Dich genauso sehr wie ich, donc il n'y a pas de risques.

En vérité, tu es un jeune homme. Immer wieder fragen Journalisten nach dem Geheimnis Deiner Vitalität. La réponse est claire. Du bist noch nass hinter den Ohren et l'avenir est devant toi. Ilse, de Neunkirchen en Sarre, est une de tes nombreuses admiratrices. Sie bringt mir alle Zeitungsausschnitte. In der „Saarbrücker Zeitung" je lis: „Ich war schon dreimal tot." La jeune femme m'a dit: „Tomi wird noch hundertmal sterben, bevor er tot ist." So ist es. Ich behaupte, dass wir noch viel von Dir zu erwarten haben.

Heute brauchst Du einen Stift um zu malen. In 200 oder 300 Jahren wirst Du mit Deinen Augen malen. Tu as d'ailleurs toujours eu un oeil de magicien, mais avec l'expérience wird Dein Auge allein mit Blitzen zeichnen. Les éclairs de ton esprit font déjà apparaitre les mystères de l'histoire alsacienne au grand jour. In jeder Zeichnung sitzen andere Augen, pour plagier Herta Müller, Prix Nobel de littérature: „In jeder Sprache sitzen andere Augen".

Tu es le magicien du crayon qui dessine les espoirs et les désespoirs des hommes et des femmes de ce monde, Elsässer oder Inuit. Dieu est sans doute mort, mais toi Tomi tu restes vivant pour l'éternité. Je t'embrasse à l'alsacienne. Wenige Menschen wissen was das bedeutet, mais nous nous comprenons.

26. November 2011

4. Julius Leber, der Vergessene. Le démocrate oublié.

Biesheim est un petit village alsacien, 2.500 Einwohner, mit Blickkontakt über den Rhein zum Kaiserstuhl et la Forêt-Noire. Hier wurde Julius Leber am 16. November 1891 geboren. Il est donc né citoyen allemand, puisque das Elsass seit dem Frankfurter Vertrag vom 10. Mai 1871 bis zum 11. November 1918 zum deutschen Kaiserreich gehörte.

Julius se décida nach dem Krieg in Deutschland weiter zu leben. Aus dem Kommunisten wurde ein Sozialdemokrat. Comme Reichstagsabgeordneter il a très vite été l'objet de la vindicte des Nazis. Er wurde zum Tode verurteilt und pendu à la prison de Berlin-Plötzensee le 5 janvier 1945. Willy Brandt widmete Julius Leber eine Biographie.

Man kann sich nur freuen que la magnifique médiathèque de Biesheim jetzt eine Ausstellung organisiert hat. Am 70. Todestag, le 5 janvier 2015, plusieurs personalités allemandes, darunter le ministre für le Bundesrat, Europa und internationale Angelegenheiten aus Stuttgart, Peter Friedrich, ont fait le déplacement à Biesheim. Coté français Gérard Hug, le maire du village était présent et salua les petits-enfants de Julius Leber. Französische Politiker waren keine anwesend.

Ich brauchte gute 10 Minuten pour trouver la Place Julius Leber, pardon, Jules Leber. Warum diese idiotische Französisierung des Vornamen? J'ai demandé à 10 personnes où se trouvait la place dédié à l'homme politique, sans succès. Finalement entdeckte ich das Straßenschild, fixé en hauteur, à un poteau téléphonique, au coin d'une rue.

In Wirklichkeit war Julius Leber im Elsass auch in memoriam lange eine persona non grata. Un Alsacien, der sich 1918 für Deutschland entscheidet? Un traître bien sûr.

Ein Geheimdienstler verriet mir, dass die Kränze, die SPD-Mitglieder in Biesheim jedes Jahr niederlegen, ein paar Mal zerstört wurden. La Place „Jules Leber" a vu le jour nur auf Druck deutscher Sozialdemokraten. Der Europarat wurde eingeschaltet. On a dû forcer la main au Bürgermeister de l'époque. Parmi mes amis, personne ne connait Julius Leber.

Die Ausstellung in Biesheim ist als Wiedergutmachung zu verstehen. Je suis certain que le maire Gérard Hug sich etwas einfallen lassen wird, pour honorer plus dignement un démocrate exemplaire. A Breisach il existe une Julius Leber-Schule, pourquoi pas en Alsace. Ob Julius als Deutscher oder Franzose für die Demokratie kämpfte, ist schließlich egal.

28. Januar 2015

5. Martin Bucer, der Europäer. Un Alsacien cosmopolite.

Juste en passant ein Gruß an François und Helmut, die sich am 22. September 1984 in Verdun die Hand reichten. Déjà 25 ans.

Stephen Buckwalter, von der Heidelberger Akademie der Wissenschaften me signale un autre Gedankenschmuggler: Martin Bucer. Stephen travaille à la Bucer-Forschungsstelle. Martin Bucer est le Martin Luther alsacien.

Il m'envoie un article intitulé: „Bucer im Europäischen Parlament" avec un poème du réformateur alsacien: *Gibt es denn auch nur ein Lebewesen / in der Luft / auf der Erde / im Wasser, das wir nicht zerstören / das wir nicht vernichten? / Kein Vogel fliegt so hoch im Himmel / Kein Fisch schwimmt so tief im Meer / Kein Tier lebt so weit entfernt / an einem einsamen Ort / dass wir es nicht in unsere Gewalt bringen und töten.* Quatres strophes écologiques, die von Greenpeace stammen könnten.

Da Bucer 1551 starb, dachte der Professor aus Heidelberg zunächst, er sei Opfer eines Scherzes. En fait, il s'agit d'un véritable Forscherkrimi. Finalement kam heraus, dass das Gedicht im Straßburger Europa-Parlament von einem député hollandais, Johannes Blockland, am 30. Mai 2001 vorgetragen worden war.

Es handelt sich um eine Passage aus Bucers Römerbrief-Kommentar von 1536: *Quid enim rerum est / in aere, terra, aqua / quod non destruimus / Non corrumpimus.* Bravo.

Luther hat sich in Heidelberg oft lustig gemacht über die elsässische Mundart von Bucer, der in Straßburg die Uni mitgründete et fit venir Calvin en Alsace. Son pragmatisme influença le réformateur français. Bucer predigte in der Straßburger Thomaskirche en s'en prenant aux Werke des Fleisches „wie Ehebruch, Huren, Geilheit, Abgötterei, Zaubern, Faulheit, Eifer, Zorn, Zank, Sekten, Hass, Giftmord, Knabenschänden, Saufen, Fressen" und dergleichen mehr. Seine Gegner assistaient au culte mit bellenden Hunden.

Bucer hatte ein typisch elsässisches Schicksal, qui ne s'arrêta pas avec sa mort. Er musste das Elsass verlassen, dozierte in Cambridge. Il réorganisa l'englische Kirche. Nachdem Königin Maria wieder den katholischen Glauben eingeführt hat, ließ sie seine Überreste ausgraben und verbrennen. Quelques années plus tard la reine Elisabeth l'a réhabilité.

2. Oktober 2009

6. Jean-Frédéric Oberlin aus Waldersbach. Le multi-kulti parfait.

Pfarrer Johann-Friedrich Oberlin aus Waldersbach im elsässischen Steintal kennen viele deutsche Bildungsbürger, die was von sich halten. Dies haben sie dem *Lenz* von Georg Büchner zu verdanken. Lenz, l'ami de Goethe inspira l'auteur de *Leonce und Lena* et de *Woyzeck*. Beide Stücke schrieb Büchner übrigens im Elsass, où il termina sein Medizinstudium mit einer Abschlussarbeit auf Französisch: *Mémoire sur le système nerveux du Barbeau*.

Der begnadete Allround-Theologe à la Albert Schweitzer: Pädagoge, Straßenbauer, Banker, Verleger, Ornithologe, Landwirt, Musiker (1740-1826) est annexé sans exception au monde culturel allemand alors qu'il a travaillé dans une vallée vosgienne alsacienne de langue française. Oft wird vergessen, dass es mehrere Täler gibt im Elsass, die nie germanisch waren, so das Steintal, appelé Ban de la Roche, dans la vallée de la Bruche.

Dass Johann Friedrich Oberlin auch Jean-Frédéric hieß, wird also übersehen. Die neue Oberlin-Biographie von Thomas Weiss: *Oberlin, Waldersbach, Eine Begegnung*, bei Klöpfer & Meyer, 192 Seiten, 20 Euro, schiebt Oberlin, comme il se doit, in die deutsch-französische Perspektive. Der Elsässer lebte im französischen Elsass, était un Befürworter de la Révolution française. Seine Mitarbeiterin Louise Scheppler inventa la fameuse école maternelle. Paris le décora plusieurs fois. Aber sein Geist blieb europäisch. Er war Elsässer und Weltbürger.

Das Buch von Thomas Weiss, Pfarrer in der Luthergemeinde von Baden-Baden, hat noch weitere Vorzüge. Der Autor unterhält sich mit Oberlin bis zur heutigen Zeit, ce qui donne à son livre un caractère romanesque.

Er schlägt sogar den Bogen zum KZ Natzweiler, als Struthof bekannt, le seul camp de concentration sur le territoire français, qui se trouve dans la même vallée. SS-Hauptsturmführer Josef Kramer a entendu parler de Oberlin par un pasteur de sa famille. An einem freien Tag macht er sich auf den Weg nach Waldersbach. Il observe le village depuis le Kamm und erinnert sich, dass Oberlin „auf Französisch statt in kräftigem Lutherdeutsch" gepredigt hat: eine Schande.

Finalement il ne visitera pas le village du Franzosenkopf und pflückt auf dem Rückweg lieber quelques fleurs pour faire plaisir à sa femme.

3. Dezember 2016

XVII. Sport.

1. Ein deutsch-französisches Fußballwörterbuch. Vive le foot. WM 2006.

Trotz Zinédine Zidane und den übrigen Weltmeistern von 1998: in Frankreich ist der Fußball nicht unangefochten Nr. 1 der Sportarten. Rugby liegt mindestens gleichauf in der Beliebtheitsskala, und natürlich der Radsport. Aus den französischsprachigen Nachbarländern, aus dem Elsass und aus Lothringen, aus Belgien und aus Luxemburg, werden in den deutschen WM-Städten Fans der „Equipe tricolore" erwartet. Weitere WM-Gäste kommen aus frankophonen Ländern, aus Togo und Tunesien zum Beispiel.

Damit sich die deutschen und französischen Fans auch über Abseitsfallen, Schwalben und andere Feinheiten unterhalten können, hat das Deutsch-Französische Jugendwerk (DFJW) in Zusammenhang mit dem Landessportbund Rheinland-Pfalz und Partnern in Lothringen und Burgund einen Fußball-Glossar herausgegeben, mit einer Auflage von 100.000 Exemplaren die bislang größte Aktion des in Sachen deutsch-französisches Sportvokabular durchaus erfahrenen Herausgeber-Teams.

Volunteers in den WM-Städten wird der Glossar ebenso zu Verfügung gestellt, wie den Schulen mit deutsch-französischem Austauschprogramm. Nachzuschlagen sind allerdings nicht nur Sachbegriffe. Der kleine Sprachführer enthält auch ein Überlebensvokabular für Fans und eine kleine Kulturgeschichte des Fußballs von Beckenbauer bis Platini. Beispiel gefällig?

L'ailier droit – Rechtsaußen / L'ailier gauche – Linksaußen / L'arbitre – der Schiedsrichter

L'arbitre de touche – der Linienrichter / Le carton jaune – die gelbe Karte

Le coup d'envoi – der Anstoss / Le coup franc – der Freistoß, Strafstoß

Le pénalty – der Elfmeter / Le match nul – das Unentschieden

Le match d'ouverture – das Eröffnungsspiel / Le score final – der Endstand

Le maillot – das Trikot

Achtung kompliziert: La chute volontaire pour simuler une faute – die Schwalbe.

1. August 2006

2. Schwarzer Adler, weißer Adler. Un destin polono-allemand.

Erinnert sich in Kaiserslautern noch ein Fußballfan an Ernst Willimowski, le Lionel Messi der 30er- und 40er-Jahre? Ce serait une excellente chose pour la mémoire de l'art du ballon rond. Der Freund von Fritz Walter, mit dem er mehrfach in der deutschen Nationalelf spielte, a un destin hors du commun. Seine Biographie liest sich wie ein Krimi.

Avant la guerre spielte der Oberschlesier – 1916 im Deutschen Reich geboren – beim 1. FC Kattowitz. Die Arbeiterstadt fiel nach dem Ersten Weltkrieg an Polen. Willimowski wurde polnischer Staatsbürger et il joua dans la Mannschaft polonaise. Bei der Weltmeisterschaft 1938 in Frankreich il troua als Stürmer quatre fois les filets de la brasilianischen Mannschaft à Strasbourg.

Er wechselte le maillot im Krieg, aus dem weißen Adler wurde ein schwarzer Adler mit Hakenkreuz. Après la guerre il dribbla pour différents clubs allemands. In Kaiserslautern spielte er nicht für den 1. FC, sondern vier Jahre pour son rival le VfR.

In Polen galt er fortan comme traître. 1949 spielte er kurz bei Racing Strasbourg, où il avait joué pour la Pologne avant la Seconde Guerre mondiale. Damals fiel er Sepp Herberger auf, qui le recruta durant la guerre, mais l'oublia lors de l'époque héroïque de 1954: Weltmeisterschaftstitel für die neu geborene Bundesrepublik. Selon Fritz Walter war er „eine nicht umzubringende Stimmungskanone". Der Oberschlesier wurde 1955 Torschützenkönig der Oberliga Südwest und stach sogar Fritz Walter aus, dont le FC allerdings Südwestmeister wurde.

Les informations haben wir Thomas Urban zu verdanken, correspondant der „Süddeutschen Zeitung" in Warschau (*Schwarzer Adler – Weißer Adler*. Verlag die Werkstatt, 12,90 Euro). Le livre de Thomas Urban décrit die deutsch-polnische Geschichte akribisch bis heute, avec des joueurs wie Klose oder Podolski. Hintergründe über den „Polen-Club" Schalke 04 und überraschende Informationen concernant les matchs joués in Polen dans la clandestinité während der Nazizeit.

Une véritable Fundgrube, qui nous parle des sportifs, die im Räderwerk der Politik untergegangen sind. Der Ball als Spiegelbild der Vergangenheit rollt heute, zwischen Franzosen und Deutschen – aber auch für Polen und Deutsche – in eine friedliche Zukunft.

9. Juni 2012

3. Das Lachen der Olympia-Götter. Le rire des Dieux.

Als Aljona Sawtschenko und Bruno Massot in Pjöngjang im Eistanz olympisches Gold für Deutschland holten waren die Reporter aus dem Häuschen. Die Begeisterung nahm kosmische Dimensionen an parce que la dernière médaille olympique im Paarlauf pour l'Allemagne 66 Jahre zurücklag. Ria Baran und Paul Falk, aus Dortmund, tanzten sich ins Gold 1952. Als die Reporter merkten, dass das Olympia-Gold keinen Ur-Deutschen Sportlern galt, sank die Begeisterung.

Je n'ai pas compris tout de suite, wie sehr sich die Olympia-Götter über unseren jeweiligen Patriotismus lustig gemacht hatten. Plötzlich höre ich im französischen Radio ein Statement von Bruno zum Thema Patriotismus: „J'aime la France et j'aime l'Allemagne!"

Fiebernd recherchiere ich. Bruno est né à Caen, une ville démolie nach der Landung der Alliierten en 1944. Aljona est ukrainienne de naissance und ergatterte mit 20 Jahren den deutschen Pass. Bruno dagegen a seulement obtenu la nationalité allemande en automne 2017.

Beide tanzten schon länger zusammen bei unterschiedlichen Meisterschaften, aber bei Olympia darf man nur unter einer Fahne tanzen. Es folgte ein Verwaltungskrimi: Aljona nach Frankreich oder Bruno nach Deutschland? A l'inverse de tous les clichés über die Leichtigkeit des französischen Daseins, ob bei Verwaltung, Polizei, Fiskus, Bildungswesen oder Arbeitsmarkt, blocken die Franzosen mehr als die Deutschen. Finalement le couple a atterri à Oberstdorf, um sich auf schwarz-rot-goldenem Eis auf Olympia vorzubereiten.

Bref, la médaille d'or n'a pas été décernée à un couple de patineurs allemands, sondern an zwei Künstler, die zusammen tanzen wollen, egal unter welcher Flagge. Wie sagt meine Oma Caroline: Die Flagge ja, aber als Tischdecke!

Bei der geographischen Prädestination, geboren in Caen oder in Kiew, waren die zukünftigen Eistänzer machtlos. On ne nait qu'une seule fois à un seul endroit. Aber da gibt es auch die kulturelle Prädestination, egal wo man auf die Welt kam, kann man Sprache, Religion, Land wechseln. Nicht nur Bruno und Aljona haben diese Möglichkeit genutzt, es gibt auch Millionen von Menschen, Migranten genannt, die aus unterschiedlichen Gründen eine neue Heimat suchen. Daran sollte sich der neue deutsche Heimatminister erinnern. Empfehlung pour le ministre: *Heimat als Utopie* von Bernhard Schlink.

24. Februar 2018

4. Dichtung statt Werbung. Poésie et publicité.

Wir Franzosen kommen beim Fernsehen nie in den Genuss der Langlauf-Über-
tragungen, obwohl der Überflieger Martin Fourcade beim Biathlon la Grande
Nation glanzvoll repräsentiert. Les Allemands n'en reviennent pas. Der Franzose
schießt besser und läuft schneller. Wie kann sowas passieren?

Le biathlon n'est pas populaire en France, wobei es an Bergen nicht fehlt, aber
an Zuschauern. Skifahrer Emmanuel Macron ist gefragt. Ich bin mir sicher
qu'il va bientôt organiser une course de ski de fond sur les Champs-Elysées mit
Brigitte an seiner Seite. Tout est possible avec de la neige artificielle. Das wäre
was Neues. L'arrivée dans les jardins de l'Elysée.

Die Wettbewerbe werden heute wie Krimis gefilmt. Les paysages sont magnifi-
ques. Was gibt es Schöneres als eine Langlaufstrecke durch einen verschneiten
Tannenwald? Des images de rêve. Die Muse begleitet uns. Dennoch verschan-
delt die Werbung die Idylle. Immer wieder nous apercevons dans le champ des
caméras de la publicité pour une marque de voiture. Manchmal fährt das Auto
auf einer Leinwand mit. Muss das sein? Pourquoi comparer les skieurs à des
voitures de luxe?

Am raffiniertesten sont les Suisses. Les pylônes des téléskis de la Jungfrauregion
offrent aux skieurs une leçon de psychologie. „If life ist too complicated ... Ski!"
Wenn das Leben zu stressig ist, schnallen Sie einfach les skis an, et vous vous
porterez mieux. Pourquoi pas? Ich entspanne mich immer beim Skifahren. Le
stress s'envole. Lebensfreude ist angesagt. Les soucis partent en fumée, lösen
sich in Luft auf.

Schon beim nächsten Pfosten lese ich: „If Investement is too complicated ...
LGB." Raffiniert, aber irgendwie fühle ich mich auf den Arm genommen. Der
Witz geht weiter. Skifahren wird mit Flügeln verglichen: Wings. La réponse ne
se fait pas attendre: the wings, les ailes nous emmènent tout droit chez LGB, une
banque que je ne connais pas.

Statt uns mit Bankwerbung zu verführen, sollten die Liftbetreiber Gedichte ver-
teilen. Mast 1: *Meine Worte sind Vögel mit Wurzeln.* Mast 2: *Immer tiefer, immer
höher, Nabelschnur.* Mast 3: *Der Tag blaut aus, die Worte sind schlafen gegangen.* Mast 4: Von wem ist das Gedicht? Les skieurs jouent à la devinette: Goethe,
Rilke, Sartorius, Jägersberg. Mast 5: Hilde Domin.

5. Avec James Bond sur la piste. Die Sniperin.

Wie lange werde ich es noch schaffen, auf Brettern die Pisten hinunter zu donnern? „Du bist nicht mehr der Jüngste", me préviennent mes amis. Eine Info für alle Skiasse aus der Pfalz, die die magische Zahl 75 erreicht haben: les remontées mécaniques sind in den Vogesen ab 75 gratis. Profitez-en.

Ich saß vor ein paar Tagen mit René Seiler aus Wimmis im Berner Oberland in der Sesselbahn zu Mürren, im Schatten von Eiger, Mönch und Jungfrau, que je peux admirer depuis le Hohneck, meinem Hausberg beim Col de la Schlucht. 181 km Luftlinie.

René war einst James Bond als Stuntman in „The Living Daylights" – Der Hauch des Todes – 1987. Il a remplacé le James de l'époque: Timothy Dalton. Bond weigert sich den Sniper, der auf ihn gesetzt war, zu töten, parce qu'il s'agissait d'une Sniperin, une magnifique violoncelliste.

René James oder James René Bond wedelte zwischen Tannen und Kugeln, traversa les chalets en feu, pour triompher de ses ennemis.

Im Alter von 83 Jahren flog mir James René sozusagen davon dans un style parfait.

Ein paar Stunden später traf ich im Zug zur Kleinen Scheidegg die Sniperin, die auf Bond gesetzt war. Habillée en blanc, mit einem schneeweißen Cello. Une apparition: Lena, Cellistin!

Je n'ai pas eu le temps de me remettre de mes émotions. Abends, in der Jugendherberge von Lauterbrunnen, in der auch „alte" Skifahrer aufgenommen werden, haben mich Syamimi, Amni, Hidayah, Bella und Syikin, Lehrerinnen aus Kuala Lumpur, alle Single, zum Essen eingeladen. J'ai mangé trop de *Cucur*, un dessert malaisien. Elles m'ont appris le *Bahasa Melayu*, la langue de la Malaisie. Je fais du ski heißt *Saya sedang gelunggsur salti*. Je leur ai dit merci: *Terima Kasih*.

Sie trugen alle Kopftuch, waren bereit, sich von einem männlichen Arzt untersuchen zu lassen, gehen aber nicht ohne Burkini ins Wasser und waren gegen das Tragen der Burka.

Sinia, angehende Ärztin aus China, in Spanien lebend, hörte zu: „Un de mes collègues a touché l'épaule d'une femme musulmane, son mari a giflé le médecin, conflits culturels", sagte sie mir.

Skipisten waren schon immer eine moderne Agora: eine öffentliche Kontaktbörse. „Wer andere kennt, ist klug. Wer sich selbst kennt, ist weise", sagt uns Lao Tse für das neue Jahr. Bonne année.

28. Dezember 2019

XVIII. Essen und Trinken – Gastronomie transfrontalière.

1. Einladung zum Apéro. La jungle des apéritifs.

Il n'est pas évident sich im französischen Aperitif-Dschungel zurecht zu finden. Je me souviens d'une Talk-Show-Star allemande, qui a commandé et ingurgité vor mir in einer Straßburger Kneipe 10 pastis d'affilés nach dem Essen, um uns zu imponieren. Il n'avait pas compris, dass der Pastis vor und nicht nach dem Essen eingenommen wird.

Der Kellner war verzweifelt, mais n'en a rien laissé paraître. Lorsque nous avons quitté la brasserie hat er mich diskret gefragt: „Ist der Mann wirklich ein Fernsehstar?" Ohne auf meine Antwort zu warten, kommentierte er weiter: „Les Allemands confondent souvent le digestif et l'apéritif."

Je ne suis pas à l'abri d'une Bildungslücke gastronomique. Il m'est récemment arrivé de me blamieren chez des amis allemands de Bahlingen. Evelyn et Rainer nous ont proposé un apéritif namens Noilly Prat. Je ne connaissais pas cet apéro, comme on dit familièrement pour l'apéritif. Meine Frau konnte mich nicht retten, parce qu'elle ne savait pas non plus, was sich hinter Noilly Prat verbirgt.

Unsere deutschen Freunde haben uns sofort aufgeklärt. Il s'agit d'un edler Wermut, un mélange de Weißwein, Chinarindenbaum, Orangenrinden, Wacholderbeeren und Enzian. Une mixture aussi savoureuse qu'infernale qui m'a tourné la tête und mich in eine Art LSD-Rausch stürzte.

Le Noilly Prat d'Evelyn m'a rappelé de vieux souvenirs. Opa Ernest trocknete immer Geranienblätter qu'il laissait mariner in einem hausgemachten Kirsch. Der Geraniki, so nannte er seinen Haus-Aperitif, den er seinen Bauernnachbarn servierte, wenn es darum ging de faire monter les enchères lors de la vente d'une vache dont il ne voulait plus.

„Un bon apéro est le ticket d'entrée au paradis", pflegte Opa Ernest den Touristen zu sagen. Je me souviens d'un couple d'Allemands de Zweibrücken, die in der Intensivstation von Colmar landeten. „Les Allemands confondent parfois l'apéro avec l'eau minérale", war der lapidare Kommentar von Opa Ernest, qui offrit aux victimes du Geraniki einen Münsterkäse als Wiedergutmachung.

4. März 2005

2. Wein-Tatorte.

Je savais bien sûr, dass Soldaten dem Wein gern zusprechen, sei es nur pour oublier les atrocités des Krieges. Je me doutais que des Nazis comme Göring nicht nur Gemälde rauben ließen, sondern auch die besten Weine. Mais je ne savais pas que les Weinkeller avaient été l'objet d'une stratégie guerrière aussi sophistiquée que l'opération Barbarossa.

Hitler comprit très vite que les généraux n'étaient pas forcément die besten Weinkenner. Il nomma des spécialistes dans les régions vinicoles stratégiques wie der Champagne, der Gegend von Bordeaux oder de la Bourgogne. Les vignerons français les ont aussitôt „Weinführer" getauft, was eigentlich kabarettreif ist.

Heinz Bömers pour les vins de Bordeaux. Otto Klaebisch pour le champagne. Adolph Segnitz pour les vins de Bourgogne. „Die Aufgabe dieser Beauftragten für den Weinimport Frankreich bestand darin, so viel guten französischen Wein wie möglich aufzukaufen, der dann vom deutschen Reich gegen Devisen in alle Welt weiterverkauft werden sollte", écrivent les auteurs américains Don et Petie Kladstrupp dans *Wine and War*, paru en allemand chez Klett Cotta, schon en 2002. J'avoue, auch Gedankenschmuggler pennen manchmal.

Ce qui est extraordinaire ist, dass alle drei Weinführer eine enge Beziehung zu Frankreich hatten. Klaebisch était même né à Cognac, au nord de Bordeaux, wo seine Eltern vor dem Ersten Weltkrieg eine Weinbrand-Handelsfirma besaßen. Segnitz sprach Französisch, seine Eltern possédaient Weingüter bei Bordeaux avant la Première Guerre mondiale. Auch Heinz Bömers Familie besaß autrefois des vignobles dans le Bordelais.

Die Autoren verfolgen le destin de quelques familles de vignerons qui étaient en contact étroit avec les Weinführer francophiles. Tous n'avaient pas collaborés sans états d'âme – ohne Bedenken – fast alle versuchten die Deutschen übers Ohr zu hauen, parfois au péril de leur vie.

La situation particulière d'une Weinfamilie alsacienne, les Hugel de Riquewihr, im annektierten Elsass, complète le Drehbuch du Weintatort.

3. Oui, auch Pfälzer Wein schmeckt. Surprises.

Ich staune. Das Wochenmagazin „Le Point" consacre drei Seiten au Palatinat. Titel des Beitrages: „Le Riesling à l'état pur." Dazu eine wichtige Information für Weinkenner: „L'Allemagne se débarasse de ses vieux démons: sucre et rendements excessifs." Zuckerüberdosis ade.

Jusqu'à présent gingen die Franzosen in punkto Wein recht rüde mit den deutschen Nachbarn um. „Il a un goût de sirop", war noch ein gnädiges Urteil, pour juger un vin de table. Es stimmt, dass etliche Freunde, surtout des Allemands du Nord, die Flaschen leerten comme s'ils buvaient du jus de raisin. Mais les traditions changent, et la Pfalz gibt die Weinmusik an. Ich lese: „C'est le vignoble allemand le plus français et aussi le plus proche de la France." Gemeint sind die Winzer aus Schweigen, qui cultivent leurs vignobles du côté français, in Wissembourg!

Ailleurs les Français ont laissé des traces. Das Weingut Müller-Catoir, in Haardt bei Neustadt an der Weinstraße, wurde 1744 durch die Familie Catoir gegründet, une famille de Huguenots, die als Asylanten in die Pfalz kamen pour fuir les persécutions religieuses. Martin Franzen, le responsable technique du domaine, studierte in Dijon, jumelée avec Mainz. Steffen Christmann, de Gimmeldingen – le président du Verband Deutscher Prädikatsweingüter – ne jure que par la „Biodynamie", eine Art homöopathische Weinerzeugung, qui tient compte des astres.

Le journaliste Jacques Dupont fait également un portrait flatteur de Sabine Mosbacher-Dühringer, die nett in die Kamera lächelt. Eine echte Weindoktorin, œnologue nennt man sie auf Französisch. Sie ist Präsidentin der deutschen Winzerinnen.

Der Kollege propose une sélection des rieslings dégustés dans les vignobles de la Pfalz. Er vergibt Noten. En France les écoliers sont notés entre 0 et 20. La note vingt représente la perfection. Mon collègue ist großzügig. Alle bekommen zwischen 15 und 20! Un seul 18 pour un Müller-Catoir „Bürgergarten Breumel in den Mauern Grand cru."

„Pomme verte, poire, bouche fraîche, tendu, amertume qui donne de la fraîcheur, long, plein, dense, très fin, bien minéral." Amen.

26. September 2009

4. Der Prinz der Gastronomen. Le père du Guide Michelin.

Rein zufällig bin ich auf die Antiquariatsmesse in Colmar gestoßen: le salon du livre européen ancien. Gleich im Eingang bemerkte ich une photo von einem Mann qui est accrochée au mur. Sieht ein bisschen aus wie Martin Heidegger. Ich gehe weiter und schlendere entre les stands. J'adore me laisser surprendre par des livres.

Je m'arrête une nouvelle fois au stand de Martin Heidegger. La responsable, eine Dame aus München, m'adresse la parole, d'abord en français, dann auf Deutsch. Le monsieur de la photo hat nichts mit Martin Heidegger zu tun. Es handelt sich um einen gewissen Curnonsky. Noch nie gehört.

Zwei Stunden später weiß ich mehr. Inge, so heißt die Dame, überschüttet mich mit Informationen. Sie ist Gärtnerin von Beruf. Mais attention, nicht irgendeine Gärtnerin. Inge gestaltet Renaissancegärten. Au Maroc elle a transformé six hectares de Wüste en jardin renaissance pour le propriétaire de Mediamarkt. Donnerwetter! Muss sie einmal einladen nach Soultzeren, ich möchte auch gern einen Renaissancegarten versus Vogesen.

Ist der Mann an der Wand, ce Curnonsky, auch jardinier? So einfach ist es nicht. Inge kannte ihn auch nicht, il y a encore sept ans. Sie hatte in Paris die Renaissance-Bibliothek eines alten Herrn gekauft. Elle a dû louer einen Achttonner, um die Bücherkisten nach Deutschland zu transportieren. Seulement deux années später schaffte sie es, alle Bücher zu identifizieren. Und Inge entdeckte Curnonsky, alias Maurice-Edmond Sailland, aus Angers.

Monsieur Curnonsky (1872-1956) ist als Prinz der Gastronomen in die Geschichte eingegangen. Sans lui l'Unesco n'aurait pas décoré la gastronomie française als Weltkulturerbe. Il s'agit tout simplement de l'inventeur du Guide Michelin, die Bibel der Weltgastronomen, qui a fêté en 2010 son centième anniversaire en Allemagne.

Ob Emile Zola oder Toulouse-Lautrec, les artistes de l'époque ont été ses amis. Sein Leben ist ein wahrer Krimi. Inge Huber raconte sa vie in der Collection Rolf Heyne. Aber es gibt auch schon drei dicke Bände auf Französisch, éditions Curnonska.

Elle me raconte que Gérard Depardieu die Rezepte von Curnonsky in seinen Restaurants einführen wird. Na dann!

12. März 2011

5. Der Präsident auf dem Pariser Bauernhof. Le salon de l'agriculture.

Das Wort salon ist eleganter als das Wort Messe, utilisé en Allemagne. Le salon bezeichnet auch den Wohnraum où l'on accueille ses invités. Man spricht aussi vom salon de l'agriculture, wenn sich jedes Jahr die französischen Bauern mit ihren Begleiterinnen und Begleitern in Paris zur Schau stellen. „La plus grande ferme de France", kommentieren die Journalisten.

Chaque femme ou homme politique de renom se doit de visiter le salon de l'agriculture, allen voran monsieur le Président de la République. Es ist nicht ungefährlich. Macron wurde 2017, als Kandidat für die Präsidentenwahl, erfolgreich mit einem Ei beschossen, qui explosa sur son front. Dieses Jahr war eine Konfrontation mit den Gelbwesten befürchtet. Pustekuchen. Les paysans n'aiment pas les gilets jaunes. Sie blieben draußen.

Nicht auszuschließen, dass eine Kuh durchdreht, es muss nicht gleich ein Stier sein. Hörner sind lebensgefährliche Waffen. Der Gast wird dauernd zum Essen und Trinken aufgefordert. Jacques Chirac, un amoureux de la bière, war nach ein paar Stunden leicht angesäuselt.

Ich darf Ihnen verraten que Emmanuel sich beherrschte, außerdem il a battu le record de présence au salon, vierzehneinhalb Stunden verbrachte er zwischen Mensch und Tier. „Tu pues!", kommentierte Brigitte, als er nach Mitternacht endlich im Elysée-Palast eintraf. „Ton costume est foutu!"

Seine Besuchsdauer ist nicht zu toppen. Ein echter Marathonmann, dagegen ist Triathlon un jeu d'enfants. Aber zum Auftritt als Melker kam es nicht, wobei das Bild eines Präsidenten beim Melken Hollywood in den Schatten gestellt hätte.

Emmanuel a écouté les doléances de dizaines, sinon de centaines de paysans et de visiteurs. Nur zweimal wurde er ausgepfiffen. Unvergesslich wie er einen behinderten Mann in seine Arme schloss und ihm versprach, dass sein Fall behandelt wird.

Ich muss noch eine Fußnote zum Tod von Karl Lagerfeld loswerden. Le Kaiser, l'icône de la mode parisienne et mondiale war zweifellos ein Vulkan des Stoffes, admiré dans le monde entier. Aber eins kann ich ihm nicht verzeihen. Er kokettierte mit dem Satz: „Je ne vote pas." – Ich geh nicht zur Wahl. Ich denke an die Millionen Menschen, die keine Chance haben in einer Demokratie zu leben und zu wählen.

2. März 2019

XIX. Skurriles – Faits divers.

1. Die atomare Dusche ou la douche atomique.

Käme ein deutscher Grüner je auf die Idee d'arroser une centrale atomique, um den Reaktor abzukühlen? Sans doute pas. A Fessenheim en Alsace haben die Ingenieure die atomare Dusche erfunden: „pluie artificielle par aspersion d'eau simulant une pluie continue", sagt die Sprecherin der information permanente du numéro vert 0800050568 mit einer wunderbaren Stimme qui fait penser à une hôtesse de l'air, die Ihnen auf 10 000 Meter Höhe die Außentemperatur verkündet.

Si vous appelez d'Allemagne faites le 0033389835188, eine elsässische Stimme wird Sie auf Deutsch informieren und von „unnatürlichem Regen" sprechen. En réalité elle veut parler de künstlichem Regen, mais nous autres Alsaciens sind der deutschen Sprache nicht mehr wortgewaltig.

Der gesunde Menschenverstand m'autorise à penser, dass „une pluie fine continue" kaum Einfluss haben kann auf eine Betonwand qui est sensée résister à un crash d'avion, aber die Franzosen finden diese atomare Dusche rigolote. Bei dieser Hitze, canicule genannt auf Französisch, flüchten wir gern sous la douche pour éviter la déshydratation.

In Fessenheim vous pouvez visiter sept jours sur sept, zwischen 14 und 17 Uhr, la maison des énergies. Des bandes dessinées erklären Ihnen wie sicher Atom ist. Nicht schlimmer als Sonnenstrahlen in Grindelwald.

Sie erfahren ebenfalls, dank des Nr. vert que la députée gaulliste Arlette Grosskost a passé sa première journée de vacances parlementaires in der centrale atomique.

Die deutsche Version der Info redet nicht von „Urlaub" parce que aucun allemand vivant verstehen wird, dass sein Abgeordneter den ersten Urlaubstag in einem AKW verbringt. L'Europe est en route, aber Franzosen bleiben Franzosen und Deutsche Deutsche. Vive la différence.

Durant l'année 2002, haben 3281 Allemands vom numéro vert (die grüne Nummer) Gebrauch gemacht. Durant la même période haben sich nur 420 Franzosen informiert.

3. August 2003

PS. Am 29. Juni 2020 um 23 Uhr 30 wurde das AKW Fessenheim nach 47 Jahren Laufzeit abgeschaltet.

2. Opa ist verschwunden. La disparition du grand-père.

Vor einem Jahr starb Opa Marek, un jour avant Noël. Er war vor 20 Jahren avec ses enfants aus Oberschlesien nach Deutschland gekommen und hatte sich später im Elsass niedergelassen.

Son souhait le plus intime war bekannt: „Ich will Weihnachten in meinem Heimatdorf neben meiner Ewa liegen."

Der Familienrat tagte. Que faire? Enkeltochter Anna und ihr Mann Andrzej, dessen Großvater Marek war, handelten: „Wir packen Opa in die Ski-Dachbox und bringen ihn nach Hause." Der Rest der Familie zögerte: „Was erklären wir der Polizei?" „Das bringen wir nach Weihnachten in Ordnung. Jetzt müssen wir zunächst Opa über die Grenze schaffen", répondirent Anna et Andrzej.

Gesagt getan, aussitôt dit, aussitôt fait. Zitternd ils traversèrent am Weihnachtstag la frontière à Görlitz. Pas le moindre problème. Die Zöllner winkten sie durch.

Epuisée aber erleichtert, la famille fit une pause quelques kilomètres hinter Zgorzelec. Eine gute Flasche Rotwein wurde fröhlich getrunken, en souvenir de Opa Marek. „Er war ein wunderbarer Opa", schluchzte Anna. „Ich freue mich qu'il puisse reposer en paix dans sa Heimat neben Oma", ergänzte sein Sohn.

Als sie weiterfahren wollten, war der Opa samt Mercedes verschwunden. La mère de Anna fiel in Ohnmacht. Was tun? Eine Anzeige? Impensable! Einen Toten über die Grenze zu schmuggeln est interdit.

Am zweiten Weihnachtstag ils retournèrent ins Elsass en train. Opa Marek ist nie wieder aufgetaucht, weder in noch außerhalb des Skikoffers.

Zurück en Alsace wurde eine Vermisstenanzeige aufgegeben. Ce qui n'était pas évident. La police entama des recherches. Die Presse wurde eingeschaltet. Weinend stand die Familie Rede und Antwort. Schließlich wurde die Suche eingestellt.

23. Dezember 2005

3. Entsorgtes Liebesleben. Lettres d'amour perdues.

Briefe, die am Boden liegen, ziehen mich schon immer an. Je ne peux pas m'empêcher d'y jeter einen Blick. Krankhafte curiosité? Voyeurismus? Alles zusammen. Ich habe sogar eine Kartei, consacrée aux Liebesbriefe que j'ai trouvés le long des routes. Parfois il s'agit de lettres d'amour perdues, manchmal um zerrissene Liebesbriefe, témoins d'une rupture douloureuse.

Rasthaus Weinstraße, au nord de Landau. Plusieurs feuilles mouillées liegen neben der Telefonzelle.

„Hey, Du Süße. Wie geht's, wie steht's? Ich bin total geschlaucht vom Marschieren. Unterricht usw. Ich finde es schade, dass ich am Montag schon so früh gehen musste. Ich finde dich total putzig und nett ... Gründe warum Du mir so gefällst: 1. Die zwei Schönheitsflecken in deinem Gesicht. 2. Dein Gesicht überhaupt. 3. Deine Figur. 4. Deine schwarzen Haare. 6. Deine Augen. 7. Deine Stimme. 8. Deine ganze Ausstrahlung."

Ein Lebenslauf suit cette déclaration. Il s'agit d'un homme. Er ist beim Bund. Unterricht und Marschieren beziehen sich auf seine Ausbildung. Deshalb klebt auf jeder Seite un Panzer noir, mit dem Piloten, beide verschwinden dans un coeur rouge!

Text: „Ich denk an dich." Signé Many. „PS. dies war eine Liebeserklärung." Aber Many fehlt es an Selbstbewusstsein. „Ich weiß, dass ich nicht besonders gut aussehe und Du so ziemlich jeden bekommen könntest."

Bei Colmar. Des dizaines de Liebesbriefe jonchent le sol, neben einem Mülleimer. Denise lebte offensichtlich in den USA, war schwanger und machte sich auf den Weg nach Europa pour épouser son amoureux. „Bonjour mon amour! I am at the doctor office having my final check up for my surgery. I shall be flying soon to be with my foreign lover soon. Je t'aime."

Dann eine Reihe von Jubiläumskarten, alle zerrissen. „For my husband, on our anniversary. I love you for the caring, strong, thoughful, smart and loving man you are. And I love that we are one. I love loving you. Kiss, Kiss." Plus tard le couple a eu des enfants. Puis ils se sont séparés ...

Schließlich wurde ein ganzes Liebesleben auf einem hässlichen Parkplatz entsorgt. C'est la vie.

18. August 2009

5. Urlaubstipps. Conseils pour un voyage en France.

Ich habe vor kurzem festgestellt, dass ein befreundeter Arzt aus Deutschland, der mir den Blutdruck kontrollierte, ne savait pas que la tension (Blutdruck) in Frankreich anders als in Deutschland gemessen wird. 140 zu 80 deutsche Version, 14 zu 8 französische Version. Warum haben wir nicht rausgekriegt, aber es ist Fakt.

Deshalb warne ich Frankreichbesucher dringend. Si vous êtes victimes d'un malaise auf den Champs-Elysées, aus irgendeinem Grund, Hitze ou abus de Pastis, bitte keine Zahlenpanik, wenn der Notarzt 14 zu 8 meldet.

Alles in Ordnung: 140 zu 80. Könnte ja sein, dass die Überraschung einen neuen Kreislaufkollaps auslöst. Der Notruf 112 ist international bekannt, aber die Blutdruckmessung unterliegt noch nationalen Kriterien. Alle Medizinstudenten sind ab sofort informiert: 140 zu 80 heißt in Frankreich 14/8.

Eine weitere Information qui est valable depuis le 1. Juli 2018. Die Geschwindigkeitsbegrenzungen haben sich in Frankreich geändert. Ab sofort la vitesse est limitée à 80 km/h – statt 90 zuvor – auf allen Straßen, die nicht in der Mitte getrennt sind. Radarkontrollen verdoppelt, Kameras James Bond-artig dans des voitures banalisées versteckt, hinter Kennzeichenschildern.

Für die deutschen Urlauber, die Fahrrad-Fans sind, mit oder ohne E-Bike, empfehle ich während der Pausen beim Rosé die Lektüre von *Ventoux*, des Niederländers Bert Wagendorp, Verlag btb, 10 Euro. Le mont Ventoux ist dieser kalkweiße Berg in der Provence, 1191 Meter über dem Meer, bekannt durch die Tour de France.

In dem Roman geht es um fünf Freunde, die 1982 den Berg erklommen haben. Laura verschwand plötzlich. 2010, dreißig Jahre später taucht sie wieder auf. Laura contacte ses anciens amis und lädt sie für eine neue Reise auf den Zauberberg Ventoux ein.

Peter Sloterdijk hatte es mit 60 auch mal versucht, ohne gedopt zu haben, wie er es in seinem Buch *Ma France – mein Frankreich*, behauptet.

18. August 2018

PS. Inzwischen muss der deutsche Urlauber in Frankreich teuflisch aufpassen. Frankreich hat den Föderalismus entdeckt. Manche départements haben die Beschränkung auf 80km/h rückgängig gemacht, manche nicht.

6. Drohnen

Drohnen sind wunderbare Spielzeuge. Bei der Tour de France fliegen sie über Schlösser und andere Sehenswürdigkeiten et nous présentent de très belles images. Mais comme pour de nombreuses inventions de l'homme, sind neue Probleme damit verbunden.

Seit Jahren fliegen Drohnen in Frankreich über AKWs et les pilotes restent introuvables, wobei das Überfliegen von Atomkathedralen mit hohen Strafen verbunden ist. 75 000 Euro Bußgeld und bis zu einem Jahr Haft. Wer weiß, vielleicht recherchieren Terroristen, um eine Attacke vorzubereiten. Greenpeace hat schon eine Drohne über einem AKW abstürzen lassen pour prouver que tout est possible.

Aber die Piloten sind einfach nicht auszumachen. Als eine Drohne über le Palais de l'Elysée geflogen ist, habe ich damals François Hollande gewarnt: „Attention! Ferme les fenêtres de la chambre à coucher. Le drone peut t'envoyer une flèche empoisonnée dans le coeur."

J'avais conseillé au président de dormir aus Sicherheit dans la cave du Château, wie die Residenz des Präsidenten genannt wird. Daraufhin wanderte François in den Keller.

Emmanuel Macron hat sich nur über meine Warnung lustig gemacht: „Les drones ne me font pas peur." Mais le Président Maduro war Opfer einer Drohnen-Attacke. Und jetzt ist es soweit. Diese Woche flog eine Drohne au-dessus du Fort de Brégançon, der Sommerresidenz du couple présidentiel am Mittelmeer, wahrscheinlich um Brigitte und Emmanuel im nagelneuen Schwimmbad zu filmen.

Die Drohne wurde zwar von der Polizei abgeschossen et les policiers sont en train de chercher le drone abattu entre les poissons in der Hoffnung auf die Spur des Piloten zu kommen. Aber wer weiß, vielleicht sind die Bilder de Emmanuel beim Tauchen et de Brigitte beim Dösen schon im Internet unterwegs, um uns zu unterhalten.

Mir ist nicht bekannt, ob Angela und Joachim im Sommerurlaub von einer Drohne verfolgt wurden. Ausgeschlossen ist es nicht. Aber ich staunte nicht schlecht en découvrant quelques Luftaufnahmen für das ZDF. Die Drohne fliegt gemächlich um das Kanzleramt. Angela ist nicht zu sehen.

Vielleicht gibt es bald eine Drohne, um unsere Gedanken zu lesen. Mikros gibt es ja schon lange, um unsere Worte zu erhaschen. Wir leben in einer spannenden Zeit.

5. Juni 2019

Nachwort – Postface

Seit 2003 schreibe ich in *Der Rheinpfalz* zweisprachige Kolumnen, deutsch-französisch – Zungenknoten genannt. Die Kolumne hat eine lange Vorgeschichte. Offiziell fing sie mit Louis XIV an, als der Sonnenkönig uns 1648 mit warmen Croissants überraschte. Wir begannen Französisch zu sprechen. In Wirklichkeit hatte sich die Sprache von Versailles schon früher im Elsass eingenistet, wenn auch nur in erlauchten Kreisen der besseren Gesellschaft.

Das Schaukeln zwischen Französisch und Deutsch hört seitdem nicht mehr auf. Mehrere Kriege haben die sprachliche Seele der Elsässer durchgeschüttelt. Nicht immer ohne kollaterale Schäden. Heute leben wir in Frieden. Wie sieht es aus?

Bleiben wir in aller Bescheidenheit, en toute modestie, aber konkret, beim Autor der Zungenknoten, bei mir selbst. Wie ist es dazu gekommen?

1944 geboren, schenkte mir das Schicksal Elsässisch, einen deutschen Dialekt, nämlich das Alemannische, als Muttersprache. Französisch lernte ich erst in der école maternelle im Alter von vier Jahren. Keiner meiner Freunde sprach früher Französisch. Später bis zur Uni, Französisch sowie Deutsch als Fremdsprache. Als evangelischer Pfarrer war ich verpflichtet auch in der Sprache Luthers zu predigen, mehr schlecht als recht. Die Mehrheit der Gemeindemitglieder kam in Straßburg – Temple Neuf, ehemalige Dominikanerkirche, 1870 von den preußischen Kanonen demoliert – schon 1968 zum französischsprachigen Gottesdienst.

Im Alltag sprach ich Französisch und Elsässisch durcheinander, wie deutsche Touristen im Elsass es manchmal erleben, allerdings immer weniger. Auch in meinem Vogesendorf spricht kein Kind mehr Elsässisch als Muttersprache. Gewiss, die Straßenschilder sind oft zweisprachig: Französisch/Elsässisch. Die Aktion hat aber musealen Charakter. Kein einziger meiner elsässischen Bekannten liest einen Roman auf Deutsch. Auch keine deutschsprachige Zeitung.

Ernst wurde es für mich beim *Saarländischen Rundfunk*. Mein Lehrer: der Lyriker Arnfrid Astel. Ich habe nicht wenig Geld für Sprachunterricht ausgegeben. Bis ich Kirche statt Kirsche aussprechen konnte, dauerte es. Heute kann ich vor lauter Übung nicht mehr Kirsche sagen.

Es dauerte, bis ich mit den Sprachen zu spielen begann. Im mehrsprachigen Buch *Vertiges* versuchte ich es ernsthaft. Urs Weber, Chefredakteur der zweisprachigen Beilage der *Basler Zeitung*, gefiel das Spiel. Er schenkte mir eine Kolumne, die ich zehn Jahre mit Autoren wie Jörg Schneider und Matthias Deutschmann teilte. Allerdings war ich der Einzige, der die Sprachen mischte.

Die Rheinpfalz kam um die Jahrhundertwende nach den Büchern *Nackte Wahr-heiten* und *Von Liebe keine Spur* auf mich zu. Die Kolumne passte in die Seite *Balkon über Grenzen*, gestaltet von Dagmar Gilcher. Es gibt nicht viele deutsche Kollegen oder Kolleginnen, die mündlich und schriftlich perfekt zweisprachig sind. Wie Dagmar zähle ich sie auf einer Hand. Dagmar Gilcher übersetzte spä-ter *Le réveil du Danube. Géopolitique vagabonde de l'Europe* aus dem Französi-schen: *Donauträume. Stromaufwärts nach Europa.*

Chefredakteur Michael Garthe unterstützt das Projekt bis heute. Als die *Badi-sche Zeitung*, wo ich ebenfalls zweisprachig agierte, die Kolumne einstellte, weil die Besitzer sparen mussten, sagte Michael Garthe: „Wir machen weiter, keine Frage, und jetzt sogar jede Woche."

Beim *Saarländischen Rundfunk* engagierte mich Ralph Schock mit einer zwei-sprachigen literarischen Kolumne. Beim *SWR* und *France Télévisions* wurde die Zweisprachigkeit kabarettistisch mit dem Schauspieler Klaus Spürkel zwei Jahre durchgeführt. Mit ihm wanderte ich auch mit dem Grenzkabarett durch Europa.

Als mein Text *Je t'aime – ich liebe dich* 2003 in *Der Zeit* erschien, wurde er vom französischen Bildungsministerium ausgewählt und 2004 paukten alle Abitu-rienten Frankreichs Option allemand über meinen Gedankenschmuggel. Der Text steht bis heute im Programm.

Genug Eigenlob. Hunderte von Lesern reagierten in all diesen Jahren. Nicht im-mer schaffte ich es zu antworten. Je me bocuse. Entschuldigung. Einmal wurde ich von einem emeritierten Professor als „connard linguistique", als linguisti-sches Arschloch, beschimpft. Wir haben uns friedlich ausgesprochen. Die über-wiegende Mehrheit hat einfach Spaß am Sprachspiel. Sehr oft führen die Leser die Kolumne mit ihren Bemerkungen einfach weiter und bringen mich auf neue Gedanken. Aus diesem ständigen Austausch entstand das Buch.

„Laut lesen", sagen mir Leser, erlaubt ein angenehmes Eintauchen im Flussbett beider Sprachen. „Der Sprachtanz löst die Zungenknoten auf", schreibt Anna aus Landau. Man muss nicht immer gleich jedes Wort verstehen. Es entsteht eine neue Sprache, die unsere Herkunft durcheinanderwirbelt und uns auf eine friedliche Zukunft vorbereitet, namens Europa.

Ganz besonders muss ich aber mehreren Freunden danken, die sich einfach eingereiht haben – ohne wenn und aber. Kulturgeograph Dr. Rudolf Michna, Frankreichspezialist, begleitet meine Arbeiten seit Jahren. Herta Siebler-Ferry schnitt mir bis kurz vor ihrem Tod in ihrem 96sten Lebensjahr Zeitungen aus und blieb eine kritische Begleiterin. Meine Frau Elisabeth Legrain beobachtet mich mit wachsamen französischen Augen.

Last but not least hat sich Ulrich Wellhöfer, selbst Grenzgänger und Grenzverleger, mit Sitz in Mannheim und Wissembourg (Elsass), durch das Sprachspiel
verführen lassen. Je le remercie.

Mein Wunsch, politische Betrachtungen mit kulturellen Begebenheiten zu
mischen, ist dank der vielen Helfer in Erfüllung gegangen. Ich wünsche allen
weiter viel Spaß bei den sprachlichen Reisen des Gedankenschmuggels durch
Europa und den Rest der Welt.

Wir bleiben alle beim Motto: *Hänge deine Wurzeln an die Luft pour mieux voir
la terre.*

Martin Graff

Buch-Veröffentlichungen von Martin Graff.

1984   Vertiges, Strasbourg

1985   L'Allemagne au mois d'août, Strasbourg

1985   Deutschland im August, Baden-Baden

1987   Der Joker und der Schmetterling, Baden-Baden

1987   Mange ta choucroute et tais-toi, Strasbourg

1989   Le pape est fou, Mulhouse

1993   Mange ta choucroute et tais-toi, Tome 2, Strasbourg

1993   Zéro partout, pamphlet franco-allemand, Strasbourg

1994   Nackte Wahrheiten. Deutsche und Franzosen, eine Polemik, München

1994   Contes de Noël à rêver debout, Strasbourg

1995   Nous sommes tous des Alsakons, mais ne le répétez à personne, Strasbourg

1994   Weihnachtsgeschichten für alle Fälle, Blieskastel

1996   Von Liebe keine Spur. Das Elsass und die Deutschen, München

1997   Les Alsasuperkons, Strasbourg

1998   Donauträume. Stromaufwärts nach Europa, München

1998   Le réveil du Danube. Géopolitique vagabonde de l'Europe, Strasbourg

2000   Voyage au jardin des frontières, Strasbourg

2001   Invitation à quitter la France, Colmar

2002   Fabienne et Roberto. Une comédie politique, Strasbourg

2004   Champagner für alle, Blieskastel

2010   Le vagabond des frontières, Nancy

2010   Grenzvagabund, Mainz

2012   Leben wie Gott im Elsass. Deutsche Fantasien, Tübingen

2014   Weihnachten. Geschichten, Freiburg

2015   Der lutherische Urknall. Die Franzosen und die Deutschen, Kehl

2015   Comme l'Allemagne? Le big bang luthérien, Kehl

2017   Deutsch-französischer Gedankenschmuggel, Kehl

2018   Weihnachten. Geschlossene Gesellschaft, Mannheim

2019   Utopies alsakonnes. Pamphlet, Fouesnaut

2020   Grenzkabarett. Je t'aime ich liebe dich, Kehl

2020   Un pays qui s'appelle Noël, Fouesnant

Biographie

Martin Graff, 22. Juni 1944 in Munster (Elsass) geboren, studierte evangelische Theologie, Romanistik und Philosophie an der Straßburger Universität. Er schreibt seine Bücher auf Deutsch und Französisch und produziert mehrsprachige Hörspiele beim SWR.

Graff ist nicht nur als Sprachakrobat bekannt. Auch als Filmemacher war der Elsässer experimentierfreudig. Am 8. Mai 1975, 17 Jahre vor arte, strahlte das ZDF und Antenne 2 seinen Film *Frühling am Rhein – Printemps sur le Rhin* am selben Tag in Deutschland und Frankreich aus. In der ZDF-Serie *Straßenbekanntschaften* las er Tramper auf und verwickelte sie in spannende Gespräche. In der Serie *Die Welt in einer Schneeflocke* traf er sich mit Unbekannten auf dem Skilift und verfolgte sie auf den Pisten, vom Feldberg zum Pitztal. Für France Télévisions tigerte er allein im Winter durch die Vogesen in der Serie *Vagabondages d'hiver*. In der Serie Gleichnisse, ARD, ORF, SRG bearbeitete er schon 1987 das Thema Aids im Film *Die Barmherzige.*

Manchmal spielt er selbst, als Voltaire im ZDF-Film *Fragen kostet nichts* oder als Geiler von Kaysersberg im SWR3 Film *Gedankenschmuggel im Elsass.*

1979 gründete er mit dem Sänger Roger Siffer die *Compagnie du Kugelhopf d'or* in Strassburg, ein Kino-Theater à la Monthy Pyton. Das Stück *Gott ist Elsässerin* sorgte für Furore.

2003 gründete er mit Klaus Spürkel das zweisprachige Grenzkabarett. *Sause in Versailles* wurde ein Must in den deutsch-französischen Beziehungen. Der Franzose und der Deutsche sind beauftragt, als Protokollchef, die Treffen der Regierenden zu organisieren. Regie führte Oma Caroline, die Mata-Hari der deutsch-französischen Beziehungen.

Graff wurde mehrfach ausgezeichnet, u.a. mit dem deutsch-französischen Journalistenpreis, mit dem deutschen Wirtschaftsfilmpreis, mit dem Premier prix de littérature du salon de Marlenheim.

Der Elsässer bleibt trotz Europessimisten ein leidenschaftlicher Europäer, der sich freut, dass Eurokraten Generäle ersetzen. Es gelingt ihm stets, die Kopfgrenzen mit Witz und Humor zu brechen.

www.martin-graff.eu

Hermann Hesse schreibt, dass man aus dem kleinsten Tal heraus die Welt erobern kann. Dies beweist immer wieder der Elsässer **Martin Graff**. Aus dem Melkersohn wurde ein Grenzvagabund, als Pfarrer, Autor, Filmemacher und Kabarettist.

In seinen Geschichten führt er uns vor, wie man die Herzen und Türen der „geschlossenen Gesellschaft" Europa nicht nur an Weihnachten öffnet. Graff spiegelt das vielfältige und pralle Leben unserer Zeit in seinen unverwechselbar heiter-melancholischen bis sarkastisch-ironischen Erzählungen. Nie unterzukriegen ist sein in jeder Hinsicht grenzenloser Optimismus.

ISBN 978-3-95428-252-4
103 Seiten · € 14,00